金運バクアゲ　金龍お札

- 切り取り線に沿って、ハサミなどで切り抜いてください。
- お財布に入れたり、写真を撮ってスマホの待ち受けにしたり、お部屋の目のつく場所に貼っておくなどして、お使いください。

お金を呼び込む龍

SHINGO

光文社

はじめに

「お金ないなあ……」

当時の僕は、お金の悩みのどん底にいました。

14年間勤めた会社を病気で退職したものの、無職で先行き不透明。養うべき妻子と30年以上の住宅ローンを抱えた状態で、毎月の生活と支払いにヒイヒイ。一時は手持ちのお金が3000円になったときも。僕の人生は、まさにボロボロでした。

――ですが、その3年後。

僕は気がついたら、年収1億円になっていたのです。

こんにちは。龍遣い(ドラゴン・マスター)のSHINGO《シンゴ》と申します。

いきなり〝龍遣い〟などと言われて驚かれたかもしれません。

「龍? 何それ? アヤシクナイ??」

きっと昔の僕が今の僕のことを見たら、同じように思うでしょう(笑)。

ただ、僕は最初から龍やドラゴンと名乗っていたわけではありません。


かつての僕はふつうのサラリーマンでした。


しかし、会社がいわゆるブラック企業。ハードワークがたたり、うつ病になってしまいました。その後の顛末《てんまつ》は先に書いた通りです。

冒頭に書いた「お金ないなあ……」は、僕が実際に毎日のように口にしていたセリフです。あのときはほんとうにお金がなく、人生のどん底の底の底にいたのです。

お金の心配もありましたが、まずは心の病気を治そうと、なけなしの貯金をはたいて、全国の神社・仏閣めぐりをしました。

そして、ある日、和歌山県にある高野山奥之院に行った際、お堂の中に信じられないものを見てしまいました。

それは「龍」でした。

僕は初めて龍を肉眼で見たのです。

そして、この日をきっかけに僕の人生は激変し、経済環境も劇的に改善したのです。

いま僕は、国内はもとより世界各地で1万人規模のスピリチュアルイベントに出演する「ドラゴン・マスター」として活動しています。アメリカの聖地シャスタでのスピリチュアルイベントに出演したときには、「ドラゴン・アクティベーション」という魔法（スピリチュアルワーク）を行ない、現地のアメリカ人の皆さんからは「You are the grand general of dragons!!（あなたは龍の大将軍だね!!）」と大絶賛されました。

龍は創造上の生き物だと思われていますが、実は僕たちの世界にちゃんと存在しています。

僕の周りでは、龍を見た・感じた・声を聞いたという人がたくさんいます。そして、龍のおかげで人生が変わった人もたくさん見てきました。

かくいう僕も龍のチカラで、たくさんの夢を現実化してきました。どん底貧乏だった僕が、いまや毎月のように海外を飛び回り、お金も時間もすべて自由になり、愛のある友人ばかりに囲まれて、理想的なライフスタイルを送っています。

基本的に僕の労働時間は1日1時間。ブログを書く時間のみが仕事の時間です。あとは好きな読書をしたり旅行をしたりして過ごしています。月に何度かセミナーや個人セッションがあるものの、それも仕事というよりも趣味というべき楽しい時間なので、そう考えると労働時間はゼロとも言えます。

寝たいときに寝て、食べたいときに食べ、ゆっくり自分のペースで行動し、自分が得意ではないことはほぼ優秀なスタッフたちに任せて、自分の得意なことだけやっています。

ほんとうにただのしがないサラリーマンだったのです。出世競争に負け、さらにはメンタルを壊して無職だったオトコが、なぜそれほどの復活を遂《と》げることができたのか?

それは、龍と出会ったから。

龍は神社やパワースポットをはじめ、いろんなところにいます。そんな龍のことを「自然龍」と呼びます。また、龍には人を専門に守護するものもいます。それを「守護龍」といいます。誰にでもひとり一柱（龍は神さまなので〝柱・はしら〟と数えます）の龍がついていて、その人を力強く見護《みまも》っているのです。

「自然龍」と「守護龍」の違いは、守護霊さんで考えていただければわかりやすいでしょう。「霊」はいろんな場所にいますが、ある人のことを縁あって護っている霊を「守護霊」と言いますよね。それと同じです。

僕はその人の守護龍を視て、その守護龍とその人のエネルギーを一体化させる「神護流・龍つなぎ」というお仕事を個人セッションのかたちで行なっています。

「神護流・龍つなぎ」を受けてくれたOLさんや主婦の方たちの中で、ゼロから自分の好きなことを仕事にし、100万円もの月商を稼ぐようになった人はふつうにいます。それどころか、月商300万円を超えるケースも続出しています。また、最近では月に1000万円のお金を呼びこんだツワモノも出てきました。

僕のクライアントさんの実例を、もっと紹介させてください。

- **自分には特技なんて何もない！　と思っていたふつうのOLさんだったのですが、会社を辞めずに副業を始めたところ、1年で月商500万円になりました。（Gさん・女性）**
- **ふつうの主婦で特技などなく、人前に出るのにも抵抗があったのですが、今では全国を飛び回るセミナー講師になりました。月商900万円を超えています。（Rさん・女性）**

・それまでも自分でお仕事をしていましたが、「お金の器」が大きくなり、収入が激増！　ハワイに別荘を持つことができました。（ＲＫさん・女性）

・会社を辞められずに悶々《もんもん》としていましたが、副業したらあっという間に会社員としての収入を超えてしまいました。それをきっかけに退職して独立。月商は１００万円を継続的に超えています。（ＨＨさん・女性）

・５人の子供を持つシングルマザーでがんも患いましたが、奇跡の復活を遂げました。大好きなことを仕事にして、月商１０００万円になりました。（ＳＡさん・女性）

――挙げていくとキリがないのですが、実際このようにふつうのＯＬさんや主婦の方が、龍と出会って１年以内に幸せなお金持ちになっていくケースをたくさん見てきました。

もちろん、ここに至るまでにはご本人の勇気と決断がたくさんありました。ただ、そんな彼女たちを、龍が大幅にバックアップしたのです。

僕は胸を張って断言します。


龍はお金を呼び込みます。

しかも大量に。


この本では、龍のチカラを使った「お金を呼び込む秘密」をみなさんに大公開します。


突然ですが、ここでみなさんにクイズです。

お金と物が世の中をぐるぐると循環することを、〝漢字二文字〟で何というかご存じでしょうか?

答えは「流通」です。

そして、「〝**流**〟**通**」**は**「〝**龍**〟**通**」なのです。

お金の流れは、龍の流れ。

お金の通り道は、龍の通り道です。

すなわち、龍の流れ（龍通）を使うことによって、大量のお金の流れ（流通）を生み出すことができるのです。


龍はお金が大好きです。龍とお金はほんとうに相性がいいのです。

実際に、僕は龍のチカラを借りて、経済的自由を手にしました。にわかには信じられないかもしれませんが、これは僕が自ら実証してきた真実なのです。

龍はいつでもみなさんの近くにいます。あなたもぜひ、龍のチカラを借りて、お金持ちになってください。僕ができたのですから、みなさんも必ずできます。


さあ、龍とお金の旅にいざ出発しましょう！

もくじ

第2章

龍のエネルギーでお金を引き寄せる人になる！

第3章

「お金の無限∞循環」の創り方

第4章

自分のペースで大丈夫！「ドラゴン・ポイント」の秘密 181

第5章

ほんとうのスピリチュアル・マスターとは？ 197

デザイン／ＩＳＳＨＩＫＩ（デジカル）
カバー＆金龍お札イラスト／龍神画家・弥生
本文イラスト／ＳＨＩＮＧＯ

本書の印税を十年の歳月をかけて行われる改修事業「玉置神社・令和の大改修」に全額寄付いたします。

第1章

龍のパワーで金運をバクアゲする9つの方法

I 龍にお金をストレートにお願いする

第1章では、龍のチカラを使った金運が上がる方法をお伝えします。

誰でも簡単にできて、実際に僕が行なってきた効果が高い方法です。安心して試してみてください。


僕はもったいぶることはしません。

冒頭からお金を引き寄せる「超・秘儀」をお伝えします。

それは、

「龍さんお金をください！」


と口に出して言うことです!!

これでお金が呼び寄せられます。

「え？」

って思う人も多いかもしれませんね。

シンプルすぎて拍子抜けした人もいるでしょう。

でも、本を閉じるのをちょっとお待ちください。

その前に、これからお話しするエピソードを聞いていただけませんか？

ある年の5月のある日。

僕は奈良にいました。

奈良県には数多くの神社が存在します。

その中でも、ひときわご神氣《しんき》（神さまの氣）があふれているので有名な**「玉置《たまき》神社」**に行きました。

玉置神社は奈良市街から車で3時間ほどのところにあります。「神さまに呼ばれなければたどり着けない」「途中でカーナビが故障する」といった伝説があるほど山奥にあり、気軽には行けない、いわゆる〝聖地〟です。

途中の山道が軽自動車1台ギリギリ通れるほどの幅しかなく、対向車が来やしないかとずっとビクビクしながら走りました。カーナビもスマホのグーグルマップも、伝説通り？何度も狂いました。

やっとのことでたどり着いた玉置神社の素晴らしい空間を、今でも忘れることができません。樹齢1000年は優に超えているであろう杉の大樹が何本もそびえたち、境内《けいだい》に流れる空気は肌が切れるのではないかと思うほど冷たく澄んでいて、まさに「聖地」と呼ぶにふさわしい場所でした。

僕は本殿で参拝した後、境内の奥のほうに歩みを進めました。その先に何があるかはわからないものの、何かがある「気配」だけはする。そちらの方角に呼ばれるように、歩いていきました。

奥に向かう山道は、予想以上の急勾配《こうばい》。かなりの高さまで登ったところで足が痛くなってきたため、途中で引き返すことにしました。

そのときです。

僕の頭の中に急に、

「帰るな」

という声がはっきり聞こえてきたのです。

これにはびっくりしました。

ですが不思議と、気味の悪い感じはしませんでした。「これは何らかの神さまからのメッセージに違いない」と感じたからです。

僕はさらに上へと登っていき、山道を登りきった場所にあったのが「玉石社《たまいししや》」というお社《やしろ》でした。

そこは玉置神社の起源と言われるお社で、丸い〝石〟がご神体として祀《まつ》られていました。

僕はこのご神体（石）に二礼二拍手をすると、このような神聖な場所に来られたことに感謝の意を述べ、さらに一礼をしました。

するとふたたび、僕の頭の中に言葉が降りてきました。

なんと！　ご神体がしゃべりかけてきたのです。

その言葉とは、

「何を望む？」

あまりのことに、僕は焦ってしまい、

「えっと、あの……幸せが欲しいです」

と、何ともマヌケな回答をしてしまいました。

するとご神体は、

「他にはないのか？」

と、ふたたび僕に質問をしてきました。

ご神体との会話が始まったことに驚くばかりでしたが、なぜか僕は「神さまが石を通じて語りかけてきているのだ」ということがわかりました。

僕は神さまの前では正直になろうと思い、

「お金が欲しいです」

と答えました。

しかし、僕はこの後、激しく後悔をしたのです。

「神さまにお金を求めるなんて、バチ当たりだ！」

そんなことをお願いしちゃいけない、と強い自責の念に駆られました。

しかし、僕の心配をよそに、神さまはこう答えました。

「もっと望め、もっと望め」

玉置神社の神さまは「お金をもっと望みなさい」とおっしゃったのです。バチを当てるどころか、もっと望みなさいだなんて……。

僕は呆然《ぼうぜん》としました。

なんてこった！　神さまにお金を望んでもバチは当たらないのか⁉

おおいに疑問を抱えた状態で、僕はホテルに戻りました。

部屋でくわしく玉置神社の「玉石社」について調べてみると、そのお社に祀られている神さまは大巳貴命《おおなむぢのみこと》でした。

玉置神社がある奈良県熊野地方では、大巳貴命は「龍神」として祀られているそうです。

そう、「望みなさい。もっと望みなさい」と告げたのは、実は龍神さまだったのです。

そこで、ちょっと冷静に考えてみました。

たしかに龍神さまは神さまですから、僕たちを見護っていると同時に、とても広い範囲のことも見護っているとも考えられます。言ってみれば、この地球、いや、宇宙全体を見護ってくれている存在と考えていいでしょう。

そうであれば、地球上でのお金の動きも見ているはずです。地球では1日に天文学的な額のお金がグルグルと回っています。世界各国の銀行、株式取引、カジノなどのギャンブル、そして、資本経済全体……。秒速で100兆、1000兆のお金が動いているのです。

それらが龍の見ているお金の光景だとすれば、僕の望むようなお金は非常に少額です。50万円、100万円、いや1億円だって少額でしょう。

龍からしたら、1億円を望むことなんて、たいしたことではないのです。それなのに10万円のお金を望むことを躊躇《ちゅうちょ》している僕に、龍は真実を教えてくれました。

お金を望んでもいい。望め、もっと望め。

玉置神社の龍からの教えにより、僕はお金を望むことへの罪悪感から解放されたのです。

この出来事を境に、僕はお金をストレートに望むことにしました。

そして、ひとつの実験を始めました。

それは毎日、

「龍さん、お金ください！」

って、声に出して言うようにしたのです。

「望め」と言われて僕にできることを考えたら、これしか思いつかなかったのです。

とにかく、毎日、声に出して言うようにしてみました。

しかも、龍は楽しいことが好きなので、楽しい気分になったときに、

「龍さんお金ください！」

と口にしたのです。

家族にしてみれば、たまったもんじゃありませんよね。無職のお父さんが急にハイテンションで、「龍さん、お金くださ〜い！」って言い出したんですから。自分たちの未来を激しく心配したことは想像に難くありません（笑）。

そんな心配をよそに、これを3週間ほどやりつづけた結果、驚くようなことが起こりました。

なんと！　50万円ほどの臨時収入が入ったのです‼

やった！　龍が教えてくれたことはほんとうだったんだと僕は大喜び。

多くの人にも教えてあげよう！と、「龍さんお金ください」の魔法の言葉をブログに掲載したところ、

「やってみたら、私に3万円来ました！」

「私は50万円です！」

「100万円が突如やってきました！」

「130万円が来ちゃったんですけど！」

などなどのご報告をたくさんいただきました。ウソのようなほんとうの話で、臨

時収入を得た人が続出したのです。しかも、みなさん結構な金額でした。

玉置神社の龍神さまが教えてくれた、

「望め、もっと望め」

はほんとうだったのです。

僕はこの教えに従って、どんどん「龍さんお金ください」の魔法の言葉を唱えました。

それも、友人と最高に楽しい晩ごはんを食べたときや、大きな仕事が終わって充実感に満ちているときなどに唱えるようにしてみたのです。

挙句の果てには、遊園地のジェットコースターに乗りながら、

「龍さん、お金くださ〜い！」

と叫ぶようになりました。

龍好きの友人たちと東京ディズニーランドに行ったときは、アトラクションに乗るたびに「龍さん、お金くださ〜い！」と絶叫。周囲から変な目で見られたのは言うまでもありません（笑）。

でも、その甲斐あってか、僕の財政状況は劇的に改善しました。

当時100万円ほどあったクレジットカードの借金も、見事完済することができたのです。

多くの人が神さまや龍にお願い事をするのをためらいます。特にお金のことになると、バチが当たるのではないか？　それは我欲なのではないか？　エゴなのではないか？　と不安になります。

でも、お金もこの世界を構成する一要素です。神さまは必要ないものをこの世界に創りはしません。

お金だって神さまが創ったものなのです。ですから、お金を望むことは悪いことでもなんでもなく、むしろ良いことなのです。お金を望んではいけないと思っているのは、神さまでも龍でもなく、私たちの人間のほうなのです。

龍は人を応援したがっています。**そして、龍はあなたのことが大好きなのです**。

でも、あなたが何を望んでいるか、を教えてもらえないと龍は動けません。だからストレートにお願いしましょう。

また、**深刻な顔でお願いするよりも、軽い気持ちでお願いするほうが龍に届きやすいのです。**龍のエネルギーは高い周波数なので、どよんとした重いエネルギーより、軽くて楽しいエネルギーのほうが、龍は受け取りやすいのです。

あなたが、楽しいとき、幸せなとき、豊かな気分のときに、

「龍さん、お金くださ〜い」

と龍に向かってお願いしてみましょう。

え？　そんなことでいいの？ってびっくりされるかもしれませんが、ほんとうに効果があることなのです。素直に実行したら、きっと龍がお金を呼び込んでくれるでしょう。

龍さん
お金下さ〜い！

II 龍の置物を家に飾る

さあ、次もかなり強力な金運アップの方法です。

「秘密の魔法I」がマイナスの経済状況をプラスにする魔法だとすれば、プラスをもっとプラスにするのが「秘密の魔法II」です。金運アゲアゲの魔法と言っていいでしょう。

ここでも、エピソードをひとつ紹介させてください。

ある年の暮れのことです。

ふと訪れたお店で、「龍の置物」が売られていました。横30センチ、縦30センチ、斜め45度上に顔を向けた金龍の置物です。僕はその凜《りん》とした顔に一目ぼれし、迷わず購入。自宅に届いてからは封も切らず、翌年の元日になった瞬間に、その金龍を自宅に飾りました。

すると、どうでしょう!

その年の収入がバクアガリしていったのです。

いろんな仕事が舞いこんできました。会いに来てくれる人も爆発的に増えました。ブログの読者数も増えつづけ、出版した本も大好評！　海外でのセミナーも大成功！

気がつけばサラリーマン時代の月収の30倍ものお金が、僕の元に呼び込まれたのです！

こんなことは僕一人のチカラでできることではありません。龍のチカラとしか思えません。「金龍の置物」が僕の金運をバクアゲしてくれたのです。

あなたもぜひ、龍の置物を自宅に飾ってみてください。

まず、金運を良くしたいなら「金龍」がいいですね。白龍や赤龍もいいのですが、**お金に関しては「金龍」がベストです。**

白龍はスピリチュアルな能力が欲しいときや、スピリチュアルなことをお仕事にしている人が置くと開運します。赤龍の置物は、仕事運や勝負運。いま取り組んでいるプロジェクトを成功させたいとき、受験や資格に合格したいときに置くといいでしょう。

選ぶ際には自分の直観を大切にし、「これがいい！」とピンときたものにすることと。大きさは、自分がちょうどいいと感じたものよりもワンサイズ大きめのものを選んでください。

何事もそうですが、人間というのは遠慮しがち。ですから、龍の置物も遠慮したサイズを選ぶ傾向にあります。ドーンと金運を上げたかったら、ドーンと大きな置物を選びましょう。

かく言う僕も最初は30センチほどのものを置いていましたが、いまでは60センチや80センチのものをはじめ、家は〝龍尽くし〟になっています。

置く場所のベストはリビング、もしくはあなたの部屋。いずれにしても、あなたの目に一番留まりやすい場所に置いてください。それには、目線より少し上の場所がいいでしょう。

神棚を祀っている人は、神棚との位置関係を気にされると思いますが、それも特段気にしなくていいと思います。ちなみに僕は神棚より少し下の場所に飾っています。

また方位を気にされる方もいますが、特に気にしなくていいと思います。方位がいいからといって、暗くてジメジメした場所では、龍はチカラを発揮できません。

そして、毎日、お水をあげてください。龍は水が大好きです。水があると、のびのびとチカラを与えてくれます。

龍の置物に水をやるには、「銅杯」という専用の杯があります。これに入れた水を龍にかけたり、龍の口のところに置いたりして使います。銅杯は風水ショップなどで、1000円くらいから購入できます。もし、銅杯が手に入らなければ、コップで代用しても大丈夫です。

龍は人間に頼られるのが大好きです。置物に向かってお願い事をしてください。「龍さん、お金ください」と頼ってください。遠慮なく、龍に頼ってください。

金運龍ゆロ爆上

これらが、僕をお金持ちにした龍の置物との付き合い方です。僕以外にも、龍の置物をきっかけにして、たくさんの人が金運をバクアゲしています。ぜひ、試してみてください。

III 神社にたくさんお賽銭を入れる

神社にお賽銭《さいせん》をたくさん入れると、倍になって返ってきます。

と、いまではこんなことを言っていますが、若かりし頃は、お賽銭箱に100円を入れるのも躊躇するほどの器の小さいオトコでした。

でも、いまはまったく逆。お賽銭箱にたくさんのお金を入れるようになったのです。

なぜそうなったかというと、神さまが僕にチャンスや運、縁を運んでくれることを知ったからです。

いま、僕がこうして生きて生かされているのは、神さまのおかげなのです。

神さまへの感謝はプライスレス。10円、100円ぽっちで表現できるものではありません。1億円でも10億円でも足りないくらいです。

もちろん、あなたの生活が困窮するほど多額の金額をお賽銭箱に入れましょうという話ではありません。神さまからたくさんのご加護《かご》をいただいていて、心からの感謝と、生かされている自覚があれば、神さまや龍は存分にチカラを貸してくれるのです。

そのためには、自分のできる範囲より、ちょっと多めの金額をお賽銭箱に入れる。そうすると、神さまにその「想い」が届きます。恋人どうしのプレゼントでもそうでしょう。高ければいいというものでもない。だからといって、安くてもダメ。「この人、ちょっとがんばってくれたんだな」って感じられるプレゼントだと、もらったほうも嬉しく感じますよね。それと同じです。

かつては100円を渋っていた僕も、だんだんと1000円をお賽銭箱に入れられるようになり、それが5000円に変わり、いまではぽ〜んと1万円を入れられるようになりました。そして、そうなってから、収入は爆発的に増えたのです。

1万円もお賽銭？という人もいると思います。もったいない！って思う人も多いでしょう。実は、その気持ちの根っこにあるのは、「お金への執着心」なのです。**「執着心」があるとお金は入ってきません。**自然な豊かさの流れを止めてしまいます。

逆に、「執着心」が少なくなると、お金はキレイに流れてきます。

1万円をお賽銭箱に入れたからといって、特に何かが得られるわけでもありません。でも、このように一見、損だと思うことにお金を使ってみる。すると、「お金への執着心」がサーーーッと音を立てて消えていきます。これはやってみないとわかりません。体感で知るしかないのです。

また、お金を神社さんに入れると、そのぶんだけ神社のエネルギーを受け取ることができます。与えたぶんだけ、あなたにスペースができます。そのスペースに神さまのエネルギーがドンっと入り込むのです。これも体感でわかることです。

さらに、お金を使うと邪気がクリアになります。「支払い」は「お祓《はら》い」なのです。

そして、これもとても不思議な現象なのですが、**お賽銭箱にたくさんのお金を入れることで、いま自分に与えられているたくさんの豊かさに気がつくことができます。**そのことにより、さらなる豊かさが引き寄せられます。損するように見えて、実は大量の豊かさがやってくるのです。

僕のクライアントさんには、20万円を神社に寄付して３００万円の収入を得た人がいます。さすがに20万円とは言いませんが、あなたも自分のできる範囲より、ちょっと上の額をお賽銭箱に入れてみてください。そして、そのときの自らの感情の動き、ドキドキを感じてみてください。ドキドキするのはお金への執着心が消え始めている証拠。そのドキドキがなくなっていけば、お金が流れてくると思って、少しがんばってその感情を味わうようにしてみましょう。

では、どこの神社にお賽銭を入れるのがいいのでしょうか？　個人的にオススメするのは**京都・下鴨《しもがも》神社の井上社《いのうえしゃ》**。こちらは瀬織津姫《せおりつひめ》さまが祀られているお社で、井戸の上にあるのが特徴です。こちらに伺ったときに、水の龍神さまがいらっしゃるのを感じました。瀬織津姫さまが龍に姿を変えて現れてくださったのだと思います。

井上社の建物の下には水が流れていて、その水はそのまま川となって神社の外に流れていきます。お賽銭を入れると、そのお金のエネルギーが、方々に広がっていくことでたくさんの人の元へ届くことでしょう。

誰かにたくさんお金のエネルギーを流したあなたには、もれなく川の流れのように、今度はあなた自身にお金が流れこんできます。

僕はこちらにお参りしたときに、1万円札を入れましたところ、お金のエネルギーが喜びを携《たずさ》えながら四方八方に広がっていくのを感じました。また、瀬織津姫さまが祀られた「お祓いのお社」なので、お金への執着心を払ってくれます。

もちろん、いきなり1万円はキツいという人は、500円から始めても大丈夫ですよ。

秘密の魔法

IV 金運神社に行く

日本には八百万《やおよろず》の神さまがいると言われています。古事記や日本書紀をひもとくと、さまざまな場所に神さまがいることがわかります。風の神さま、水の神さま、岩の神さま、天気の神さま……日本の神さまがいいのは、このように至るところに見出せることです。

もちろん、お金にも神さまが存在します。お金の神さまは金運神社にいます。金運神社に行けば、貧乏神が取り払われ、金持ち神が一緒に来てくれるのです。

金運神社といえば、やはり富士山のふもとにある新屋山《あらややま》神社奥宮が真っ先に挙げられるでしょう。日本に経営コンサルティングという存在を根付かせた故・船井幸雄さんがオススメした神社として有名です。

ここには、右回りに3回回る儀式を行なうと金運が上がるというストーンサークルもあります。お金に興味がある方なら、一度は訪れたほうがいい場所でしょう。

個人的にイチオシなのは、千葉県館山市《たてやま》にある日本三大金運神社の1つ、安房《あわ》神社です（残りの2つは、先述の新屋山神社と、石川県白山市《はくさん》の金劔宮《きんけんぐう》です）。

安房神社は本殿の正面に向かって、西側と東側でまったくエネルギーが違います。西側はのんびり穏やかで、ゆったりとしたエネルギーが流れています。歩いているると気持ちが落ち着く、リラックススポットです。

一方、東側は龍のエネルギーを強く感じるとてもパワフルな場所です。特にご神《じん》水《すい》を取る場所が強力な龍スポットです。さらに、龍穴もあり、一時期僕はそこで魔法（エネルギーワーク）を練習していたこともありました。

純粋な気持ちでいれば、龍と会話ができるかもしれません。金運を上げるだけでなく、気持ちも穏やかになる神社です。

秘密の魔法

Ⅴ　金運お守りを身に着ける

金運のお守りを身に着けることも、金運アップには欠かせません。前述の**安房神社の金運お守りは、ご利益が高いので有名です**。同じく**千葉県香取《かとり》市にある香取神宮の金運お守りもオススメです**。

そもそもなぜ、お守りにご利益があるのでしょうか？

「よりしろ」という言葉をご存じですか？　「よりしろ」というのは、神さまのエネルギーをこの現実世界に降ろすための「物質」のことを言います。

昔の人は岩や石や木に神さまのエネルギーを降ろして、そこに祈りを捧げました。それが発展して、神社になったのです。見えない世界の「カタチナイモノ」のエネルギーをこの現実世界に降ろしてくるには、「よりしろ」と呼ばれる「カタチアルモノ」が必要なのです。

そういう意味でいうと「お守り」というのは、持ち運び可能な「よりしろ」。神社のエネルギーをいつでも、どこでも、誰でも、どんなときでも使えるようにしたものなのです。

つまり**「お守り」は「ポータブル神社」**と言えるというわけです。

自分の手元にいつでも神さまのチカラを携えておけるという意味で、お守りは素晴らしい開運ツール。そして、特に金運を上げたいのであれば、金色のお守りがいいでしょう。

なぜなら次にお伝えする「金色」の効果があるからです。

また、本書には、特典として「金運バクアゲ　金龍お札」をつけています。この金龍お札をぜひ、身の回りにつけてください。お財布に入れるとご利益ばっちりです！

秘密の魔法

VI 金色の物を身に着ける

単純なようですが、金色の物を身に着けると金運が上がります。金色の持つエネルギーがネガティブなエネルギーを浄化して、ポジティブなエネルギーを増幅させるのです。

古代の人たちが神社や仏閣に金の置物や仏像をつくったのは、金というエネルギーに秘められた「浄化」と「拡大」のチカラを理解していたからでしょう。金にはそれだけの強くて優しい大きなパワーがあるのです。

金運を上げるためには、金色の物を身に着けるようにしましょう。まずは、お財布から始めるのもいいですね。また、アクセサリーも金色のものがいいでしょう。カード、ピアス、ノート、ペン、飾り物、お財布……身の回りにある物も金色に変えてみる。もちろん、金龍の置物を自宅に置けば、金運アップの効果は爆発的なものになります。

それから、これはちょっとウラ技です。

春になると、花粉症に悩む人がどっと増えますよね。一日中鼻水や目のかゆみに悩まされ、早くこの時期が過ぎればいいのに！と思う人がほとんどでしょう。

ただ、花粉を顕微鏡で見るとよくわかりますが、「金色」をしています。「金色の物を持つと金運が上がる」と言いましたが、実は花粉症の時期は、空気中が金色に覆《おお》われているのです！

なので、

「花粉は金粉」

と思うようにしてみてください。そうすると呼吸をするたびに、金運が上がっていると思えてくるから不思議です。

そして、鼻水やくしゃみはお金に対するネガティブな思いこみを外に出している生理現象と考えましょう。

「いやいや、私は花粉症だけど金運は上がってませんよ」という声が聞こえてきそうですね。でも、エネルギーの世界からすると、人間の意識が入らないと現実は変わりません。

つまり「花粉は嫌だな」という意識だと金運は上がりませんが、「花粉は金粉だ。呼吸するほどに私の金運が上がってる！」という意識に変わると、その意識が現実に反映されて、金運が上がるようになっているのです。

ちょっと不思議すぎる話かもしれませんが、あまり深刻にならず遊び心を持って受け取ってくださいね。

そういう素直な人にこそ、お金がたくさん入ってくるのです。

VII 高級ブランド店に入る

多くの人が自分の収入の範囲で生活をしようと考えています。でも、それでは、いつまでたっても、「お金の器」が広がりません。コンフォートゾーン（自分が無意識に快適だと思っている場所）を超えなければ、お金も人生も変化が起こらないのです。

そういう現状を打破するためにも、ためしに高級ブランドのショップに入ってみてください。そして、**なんだかムズムズする感覚を味わってください。**

「こんなところに自分は場違いだ」「店員さんの目が気になる」「なんだかバカにされてる気がする」「ドキドキする」「緊張する」……。

こういう感覚を深く感じきることが重要です。

実は高級ブランドの店員さんは、間違ってもお客さんをバカにしたり、値踏みするようなことはしません。みなさん、自分のお店に来てくれたことだけで、嬉しく思い、感謝しているのです。

あなたの心の中に巣くう劣等感や引け目といったものが、店員さんをフィルターにして、あなたを「バカにされている」という錯覚に陥《おとしい》れてしまうのです。

店員さんはほんとうは優しいのに、それとは真逆の考えが脳に浮かんでくる。これこそが、お金に対するネガティブな観念、**「お金のブロック」**と呼ばれるものです。

多くの人が、お金に対してネガティブな観念を持っています。それは幼少期に刷りこまれていることが多いのですが、こうしてお金は「汚いモノ」「イヤなモノ」「人を傷つけるモノ」などといった観念に囚われていると、仮にお金が流れてきたとしても、拒絶したり、受け取り拒否をしてしまいます。この観念が「お金のブロック」で、お金の流れを「目詰まり」させる原因なのです。正常にお金が流れてくるには、「お金のブロック」を外さなくてはなりません。

しかし、「お金のブロック」は日常的に感じることがあまりありません。高級ブランド店など、自分が〝場違いだ〟と思うようなところに行くと、身体の反応として出てきます。そして、「お金のブロック」を感じると、なんとも言えない不快感が伴います。

でも、それは、心の奥底にあるお金に対するネガティブな観念が表面に浮かび上がっている証拠であり、それはある意味「浄化」の過程なのです。

「お金のブロック」外しのためにも、高級ブランドのショップに足を踏み入れてみてください。買う、買わない、どちらでもかまいません。その場に入ることが重要なのです。慣れてきたころには、自分の「お金の器」が、まちがいなく広くなっていますよ。

秘密の魔法

VIII

幸せなお金持ちに会いに行く

「お金持ち」は感染します。風邪のようにうつるのです。

こんなことを言うと、アヤシイ奴と思われるかもしれませんが、実はちゃんとした根拠があります。

人間は、他の人があることを成し遂げている様子を見ると、自分もできるようになるという不思議なチカラがあります。たとえば、陸上競技100メートル走。1991年の世界陸上でカール・ルイス選手がそれまで誰も達成できなかった「9秒86」という記録を打ち立てたことにより、他の選手が続々と9秒8台を出すようになったのは有名な話です。

これを深層心理の観点でいうと、それまではすべての陸上選手が心の深い部分で「9秒8台で走ってはいけない」と思っていた、いわば、集合的な「禁止令」のようなものがあった。しかし、カール・ルイス選手が9秒8台を記録したことにより、その「禁止令」が解けた。こうして、すべての陸上選手の心の深い部分が変化したのです。

これと同じことが、「お金持ち」と会うことにも言えます。

お金を持っていない人は、心のどこかで「お金持ちになってはいけない」という「禁止令」を自分にかけています。それが、お金持ちに会うことで「お金持ちになっていいんだ」という許可に変わる。これが、「お金持ちは感染する」という言葉の意味するところです。


あなたも機会があれば、ぜひ「お金持ち」と時間と空間を共有するようにしてみましょう。必ずや、自分にはない発想や考え方に触れることで、自分に知らず知らずのうちに「禁止令」をかけていたことに気づくはずです。

僕はお金持ちのメンター（指導者）と一緒の時間を過ごすことで、徐々にお金に対する「許可」を自分に下してきました。そのことにより、お金の流れが自分にも向いてきたと思います。

僕が最初に出会った本物の「お金持ち」は故・竹田和平さんでした。和平さんは「日本一の個人投資家」として、巨額の富を一代で創り上げた方です。

ただ、和平さんはその富を独り占めすることなく、「幸せなお金持ち」として多くの人と分かち合いました。何年にもわたり、ご自身の誕生日と同じ日に生まれた赤ちゃんに純金製のメダルをプレゼントしつづけました。

和平さんのように心もお金もほんとうに豊かな人に会うと、それだけで心が癒され、自分の可能性にオープンになれる。「幸せなお金持ち」には、そんなチカラがあるのです。

そういう人たちにたくさん会うことで、お金を呼び込むことへの許可も下りますし、自分の才能に気がつくこともできます。

お金持ちの中には、人のことをバカにしたり、さげすんだり、笑いものにしたりする「自称・幸せなお金持ち」もたしかに存在します。

このように、ひと口に「お金持ち」といってもいろいろ。本物の「幸せなお金持ち」を見抜くためにも、人を見る眼を養うようにしましょう。

人に会いに行くとお金持ちになれるだなんて、素敵なことだと思いませんか？

IX 金運が上がる魔法の真言～「金運龍如爆上！」

最後に、これさえ唱えておけば金運アップが大いに期待できる！という言葉（真言《しんごん》＝マントラ）をご紹介します。

それは、

金《きん》運《うん》龍《りゅう》如《じょ》爆《ばく》上《じょう》！

です。

実際に龍に教わった真言、これを唱えれば唱えるほど、金運が上がると伝えられました。唱えるだけでなく、ノートに書いたり、紙に書いて目に見えるところに貼り付けるだけでも効果があります。あなたの金運が龍の如く爆上げするエネルギーを持っているからです。何より僕自身この真言を唱え続けたことにより、多額のお金が呼び込まれました。


「金運龍如爆上！（きんうん　りゅうじょ　ばくじょう！）」

「金運龍如爆上！（きんうん　りゅうじょ　ばくじょう！）」

「金運龍如爆上！（きんうん　りゅうじょ　ばくじょう！）」


響きもいいですし、何よりも気持ちが上向きになりますよね。僕は毎朝スタッフに「おはよう」の代わりに、「金運龍如爆上！」とあいさつしています。これで朝からテンション高く、過ごすことができるからです。

ぜひ試してみてください。

第2章

龍のエネルギーでお金を引き寄せる人になる！

❈なぜ愛にあふれた人にお金が入ってこないのか

この章では、さらに踏みこんでお金の話をしたいと思います。

お金を引き寄せる人には特徴があります。
それは、「**お金に好かれている**」ということです。

それはどういうことかをお話しするにあたり、まずは「引き寄せの法則」のお話をしましょう。

映画や書籍の『ザ・シークレット』、あるいはエスター・ヒックスというアメリカ人のチャネラーが宇宙存在エイブラハムと交信して伝えた『引き寄せの法則』という書籍などで、有名になった言葉です。

ごく簡単に言うと、同じ周波数を持っているエネルギーどうしが引き寄せられるという法則です。早い話が、「類は友を呼ぶ」ということですね。

エイブラハムの教えに「感情の22段階」があります。それによると、感情は周波数によって22段階に分けられ、一番高い周波数を持つ段階が「愛」で、一番低い周波数を持つ段階が「恐れ」です。

ここでの「愛」は、恋愛やパートナーシップの「愛」に限ったものではありません。自分の中に流れる優しくてあたたかい、穏やかなエネルギーのことを指します。

そして、「お金」は高い周波数を持っているので、その人が「愛」の段階であれば、高い周波数どうしということで、お金も引き寄せられるということです。

この話はおおむね納得できるのですが、僕の中でどうも腑《ふ》に落ちないことが2つありました。

それは、

・恐れがいっぱいの人にもお金が入ってくる
・愛にあふれた人にお金が入ってこない

という現実が存在することです。

お金が「愛」であれば、「愛」がない人にはお金が寄ってこないはずです。でも、なぜ、恐れがいっぱいの人にもお金が入るのでしょう？　なぜ、恐れからくる暴力、粗雑さ、強引さがある人にもお金が入るのでしょうか？

愛を与えるのではなく、過剰に求めてばかりの人にもお金が入っていく状況があることは、日々のニュースや新聞などを見れば簡単に確認できます。


また、それとは対照的に、なぜ愛にあふれた人にお金が入ってこないのでしょうか？　愛にあふれた人たちはまるでマリア様のような心の広さで人に奉仕していきます。ですが、なぜかその人たちの中にはお金に困っている人が多いのです。

この現象はなぜ起こるのでしょうか？

そんな疑問を持っていたとき、龍からメッセージがありました。

僕は朝起きた瞬間に、龍からメッセージをもらうことがたくさんあります。それは、言葉ではなくて「ビジョン」です。

それは、大きな大きなエネルギー体に覆われた人間のビジョンでした。

僕はしばらくの間、

「このビジョンに何の意味があるのだろう……」

と自分に問いつづけました。


僕はビジョンが視《み》えたとき、このようにすぐに解釈をせず、自ら問いかけ、しばらく待つようにします。見えない世界から情報を得るときは、**「問うて待ち、音として聞く」**というのが基本です。この本は、スピリチュアル能力を開発する本ではないので詳細は省きますが、情報が降りてくるのを「待つ」ことが大切なのです。

しばらく経つと、僕の中にインスピレーションが降りてきました。

その瞬間、

「あっ！　このビジョンは、お金が入ってくる人のものだ！」

と直観したのです。

そうです。このビジョンは、エネルギーには「高い・低い」といった「高さ」だけでなくもうひとつの「軸」があるということを表しているのです。

その軸とは、エネルギーの「大きさ」です。
つまり、エネルギーが大きい人にお金が入ってくるわけです。
このことがわかったと同時に、先ほどの2点の疑問、

・恐れがいっぱいの人にもお金が入ってくる
・愛にあふれた人にお金が入ってこない

の答えも自然に出ました。
すなわち、

・恐れがいっぱいの人でも、エネルギーが大きければお金が入ってくる
・愛にあふれた人でも、エネルギーが小さければお金が入ってこない

ということになるのです。

❋お金が入ってくるのはどういうタイプか

エネルギーの大きさとは、誰かを見たときに感じる活力やパワー、オーラなどのことを指します。オーラがわからなかったとしても、その人がパワフルなのか、エネルギッシュなのかくらいはなんとなくわかるでしょう。つまり、「大きい感じ」がするか、「小さい感じ」がするか。それがここでいう、エネルギーの大小です。

このことを直観的にご理解いただけるよう、70ページの図でタイプ分けしてみました。

縦軸がエネルギー周波数の高低を表しています。補足的に、周波数が高い状態を「愛」、低い状態を「恐れ」と記載しています。

それと同様に、横軸はエネルギーの大小を表しています。

◎貧乏神タイプ　↓　恐れが多くて、エネルギーが小さいタイプ
◎お代官様・いじわる魔女タイプ　↓　恐れが多くて、エネルギーが大きいタイプ
◎ヒーラータイプ　↓　愛にあふれているけど、エネルギーが小さいタイプ
◎福の神・女神様タイプ　↓　愛にあふれていて、エネルギーが大きいタイプ

お金はエネルギーが大きい人に入ります。

暴力的なお代官様タイプの人にもお金が入るのは、そのせいなのです。

愛にあふれるヒーラータイプがお金に困るのも、そのせいなのです。

ですから、お金を引き寄せる人になるには、簡単に言うと、エネルギーを大きくすることです。

ただ、お代官様タイプでは、お金は入ってくるものの不幸な人生になってしまいます。人に妬《ねた》まれ、恨まれるからです。それでもお金が欲しい人は別ですが、実はそういう人は少数で、大多数の人は幸せにお金が流れる人になりたいのが本音ではないでしょうか？

ですので、**僕は「福の神タイプ」を目指すことをオススメします。**

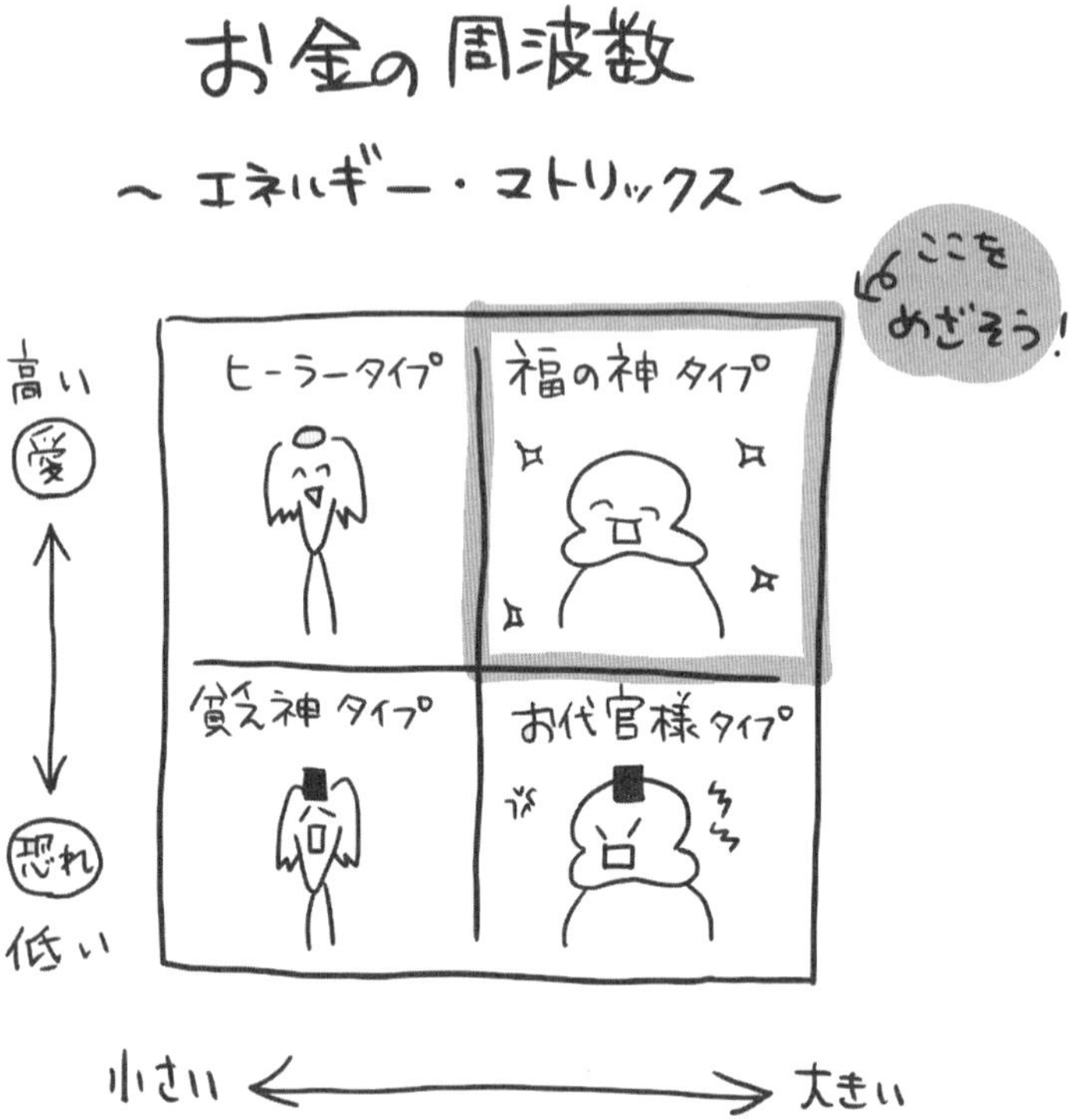
お金の周波数
〜エネルギー・マトリックス〜
ここをめざそう！
ヒーラータイプ
福の神タイプ
貧乏神タイプ
お代官様タイプ
高い
愛
恐れ
低い
小さい
大きい

では、具体的にどんな人がこの「福の神」タイプなのでしょうか？

僕の経験で言うと、第1章で紹介した竹田和平さんです。和平さんは波動が高く、そして大きなエネルギーをお持ちの人でした。和平さんはまさに生きる「福の神」だったと思います。

福の神は男性のイメージですから、女性のイメージでも表現してみましょう。エネルギーが高く大きな存在。それは女神さまです。

具体的にどんな人が「女神さま」なのでしょうか？　僕が出会ったことがある人で言えば、叶姉妹のお二人がまさに女神さまです。

僕は「癒しフェア」という大規模なスピリチュアルイベントに何度か出演させていただいていますが、叶姉妹も「癒しフェア」の常連ゲストです。僕は出演者なので、ありがたいことに客席の最前列で叶姉妹のお二人を見ることができるのですが、ほんとうに波動が高くエネルギーがとても大きい。

そして、実際にお二人の話を聞くとわかるのですが、とても「心」を大事にされているのです。テレビで見る印象とは大きく違い、その場にいるだけで会場の参加者は癒されていました。まさに叶姉妹こそが「女神さまタイプ」の理想形でしょう。

もちろん、叶姉妹のようにスタイルよく美人になりなさい、ということではありません。叶姉妹はあくまで見本です。ただ、あのような大きくきらびやかなエネルギーが、お金に好かれ、お金を呼び込むエネルギーなのです。ですから、できる限りエネルギーを高め、そして、エネルギーを大きくすることができれば、あなたも「お金の女神」になることができるのです。

❋4つのタイプ別 エネルギーの高め方

では、どうすれば、エネルギーを高め、大きくすることができるのでしょうか。

それには、70ページのイラストで挙げたタイプ分けをより詳細に見ていくことで、自分はいまどのタイプなのか、そして、どのようにすればエネルギーを高め、大きくすることができるのかが理解できると思います。

ただ以下に挙げるのは、あくまで「極端に分類したもの」と理解してください。

「私はヒーラータイプだけど、たまに貧乏神かな？」のように、「あなたははっきりどのタイプ」と分類できるものでもありません。

ただ、タイプ分けはこれくらい極端にしたほうが、自己分析に使いやすいのもたしかです。

それでは、それぞれのタイプを順番に見ていきましょう（先ほどの「お代官様タ

お金の周波数
～エネルギー・マトリックス～

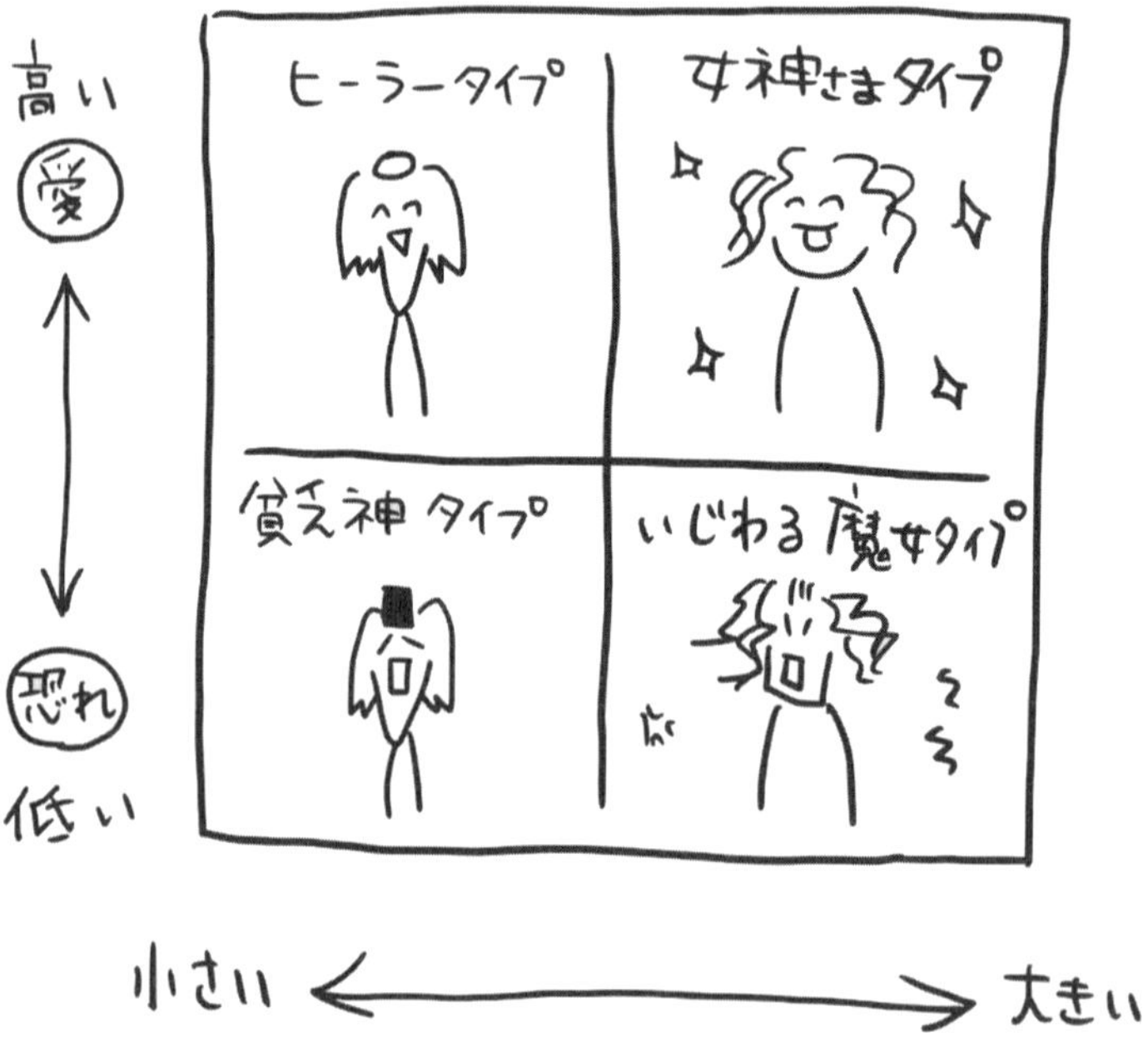

イプ」も、女性のイメージで、「いじわる魔女タイプ」とします）。

貧乏神タイプ

このタイプは、見た目は弱々しく覇気《はき》がありません。そして、心の中はいつもネガティブなことばかりで、自分の殻に閉じこもりがちです。世の中は敵ばかりと考えていて、不満をよく口にしています。他人に対する感謝はあまりなく、どちらかといえば自分のことで頭がいっぱいです。

それなら自分のことが好きなのかというと、そうではなくむしろ嫌いで、感情がすっかりこじれてしまっています。自分で行動したり、誰かに愛を差し出そうとする気はありません。「私にはムリ」「どうせ、私なんか」「そんなこと言ったって」という言葉がたびたび頭をよぎります。「私はなーんにもしないで、誰かがパパッと現実を変えてくれないかな？」ともたびたび思ったりします。

こういうタイプの人には、お金が呼び込まれません。エネルギーが低く、小さいからです。

しかし、このタイプだからといって悲観することはありません。改善の余地はたくさんあります。エネルギーを高めて、大きくすることを考えましょう。

お代官様・いじわる魔女タイプ

このタイプは、見た目が強そうでちょっと怖い印象もあります。

ただ、エネルギーは大きいので、お金はたくさん入ってきます。ビジネスの知識があって、たくさんの人に影響を与えますが、いつも心の中は恐怖でいっぱいです。お金がすべてと感じていて、周囲の人たちに対する感謝の気持ちもなく、自分以外の人を見下す傾向にあります。

無意識のうちに競争をして、いわゆるマウンティング（自分のほうが優位であるということを証明しようとする行為）をします。人をだましたり、嘘をついたり、蹴落《けお》としてでも、お金を得ようとすることがあります。

こういう人は一時的に成功しますが、結果的に他人から応援されないので継続的に成功していくのは難しいです。

心を入れ替えて、エネルギーを高く、愛をベースに人生を立て直すことで、長期的な成功を手に入れることができます。

ヒーラータイプ

この人は見た目が優しく、穏やかそうです。心が優しく、愛にあふれています。スピリチュアルや心理学に興味を持ち、誰かに貢献しようと考えています。一緒にいると、落ち着き、癒され、ゆったりとした気分になります。

ただ、エネルギーが小さいので、お金がなかなか入ってきません。愛にあふれているのに、お金が流れてくるだけの器があまりないのです。

たとえば、ヒーリングなどを養成講座などで学んだとしても、自分のヒーリングセッションでは安い価格でしか人が来ない、もしくは無料でも来ない、ということが起こります。

こういう人はいつも「自分は正しいことをしているのに、なんでお金が入ってこないのだろう？」と思っています。理由はエネルギーが小さいからです。

こういう人は愛をあふれさせつつ、エネルギーを大きくすることを考えることが重要です。

福の神・女神さまタイプ

このタイプの人は見た目が優しそうで、かつ自信に満ちています。そばにいると、こちらまで元気で優しい気持ちになります。

ポジティブで、目がキラキラしていて、人生が楽しそう。しかし、決して暑苦しくなく、一緒にいつづけてもイヤな気分になりません。大きな愛の温泉の中にいるような気分がします。周囲の人に感謝をして、お金も、愛も、自分も、他人も大切にします。

このタイプは波動が高く、さらにエネルギーも大きいので、たくさんのお金が流れてきます。しかし、そのお金を独り占めしようとせず、たくさん還元しようとします。自分の周りにお金をぐるぐると回すのです。すると、さらにまたお金が返ってくるという好循環が生まれます。

また、このタイプの周りには不思議な現象が起こります。たとえば、ガラガラだった飲食店の店内に、このタイプが入店すると、直後にどんどんお客さんが入ってきて満席になったりします。

もしくは、このタイプと握手をすると、良いことが起きたり、「シンクロニシティ」が起きたりします。

「シンクロニシティ」とは、素敵な偶然のことです。シンプルに言えば、幸運なことが起こるということ。握手をするだけで、金運が上がったり、体調がよくなったり、不思議なご縁を得ることができたりなど、このタイプの人はまさに「歩くパワースポット」と言っていいでしょう。

そういうタイプになるには、心を愛でいっぱいにし、自分のエネルギーを大きくすることです。

さあ、いかがだったでしょうか？

読み進めながら、

「アイツはまさに貧乏神だな」

「あの人はちょっとお代官様入ってるな」

「彼女はホントに女神さまだわ！」

という人が、頭の中に現れたかもしれません。

そういうあなたは、どのタイプでしたか？

そこが、今のあなたの「現在地」です。


おそらく、この本を読んでいる多くの人が「ヒーラータイプ」だったのではないでしょうか？

つまり、優しくて愛があるのだけど、エネルギーが小さくてお金が入らない。

愛があって波動は高いのだけど、ドーン！というパワフルさが足りない。

そういう人にパワーを与えてくれるのが、「龍」なのです。

ヒーラータイプの女性が、女神さまタイプに変化するために、また、ヒーラータイプの男性が、福の神タイプに変化するために、龍が大きな手助けをしてくれるのです。

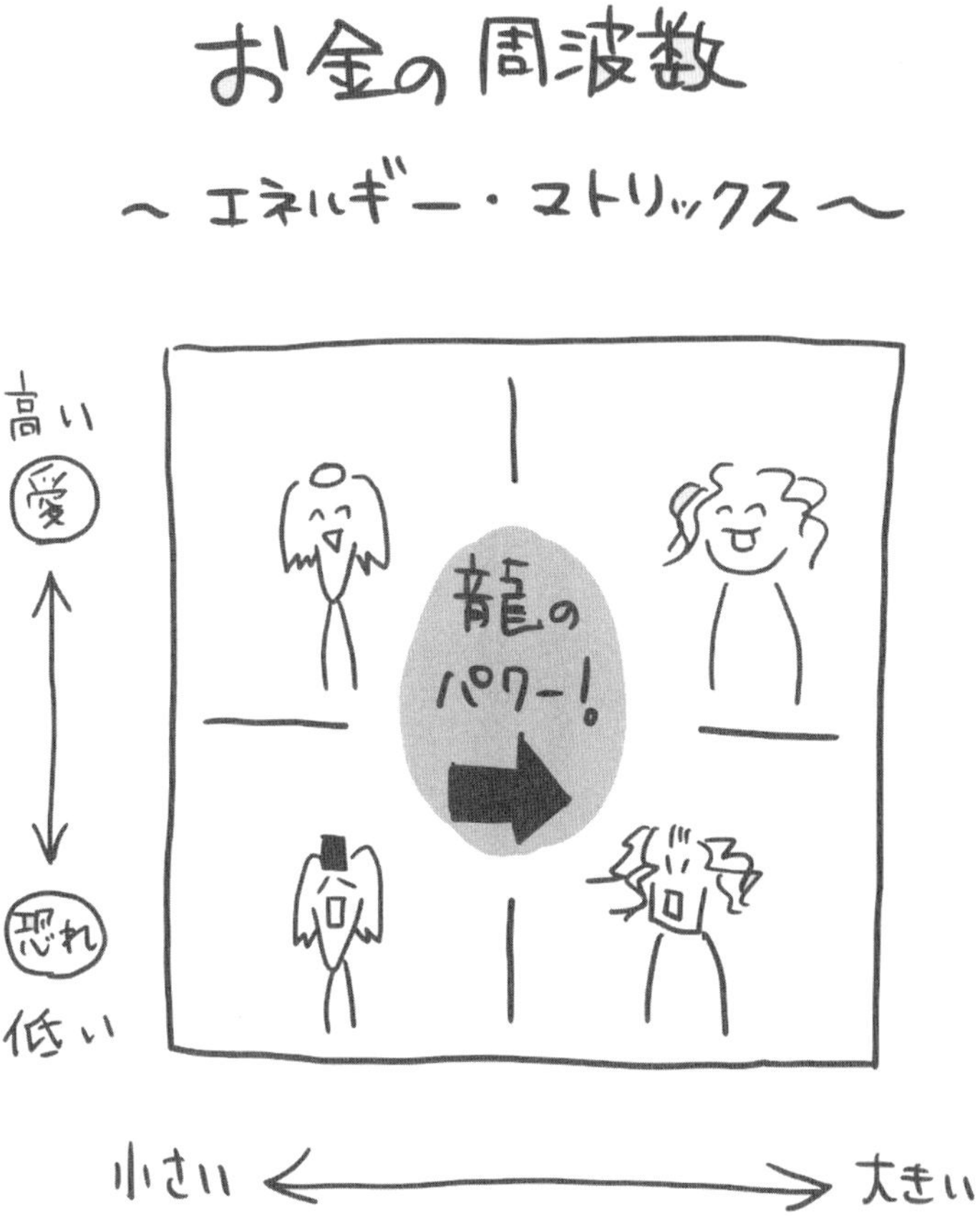
お金の周波数
〜エネルギー・マトリックス〜
高い
愛
恐れ
低い
龍の
パワー！
小さい
大きい

❈福の神・女神さまタイプに変化する方法

そこでここからは、あなたがエネルギーを大きくして福の神・女神さまタイプに変化していくための方法を、いくつかご紹介していきます。

①龍のエネルギーで、自分のエネルギーを大きくする

人は龍からエネルギーをもらうことができます。

実際、僕は日常的に龍からエネルギーをもらっています。

龍は無尽蔵《むじんぞう》のエネルギーを持っていますから、あなたが意図すれば24時間365日、エネルギーを与えてくれるのです。

龍からどんどんエネルギーをもらいましょう。もらったら、もちろん、龍への感謝は忘れずに。

龍のエネルギーはパワフルで愛にあふれています。龍からエネルギーをもらえば、

あなたのオーラはどんどん大きく光り輝いていきます。

では、どうしたら、龍からエネルギーをもらうことができるのでしょうか？

それは**「龍をイメージする」**ことです。

「イメージ」というのは、見えない世界とつながるためにとても重要です。

見えない世界の存在は、イメージするとこちらの世界にやってきてくれます。

「イメージ」は、こちらの世界とあちらの世界との懸《か》け橋になります。ですから、あなたが「龍」をイメージして、あなたの元に呼び込むと、龍はこちらの世界にやってきてくれるのです。

そのときの「龍」のイメージ自体はあなたが創り出したものですが、そのときに感じるエネルギーはあなたが創り出したものではありません。実際に存在する龍が、あなたにもたらすものなのです。

言い換えれば、イメージは自分で創り出すものだけど、実際に体験するエネルギーはあちらの世界のエネルギーだということ。これを霊能者さんに話すと「その通りだ」と言っていただけるのですが、一般の人にはなかなか伝わりづらいところです。よくわからなければ、「イメージすると龍が来る」とだけ、覚えておいてください。

そして、**龍は愛と癒しの存在です**。あなたのネガティブなエネルギーを癒し、そして、ポジティブなエネルギーをあなたの体内に補塡《ほてん》してくれます。

ここで、そのためのワークをしてみましょう。

みなさんの頭の上に「金龍」をイメージしてください。この金龍はものすごく光り輝いています。まぶしくて目を開けていられないくらい神々《こうごう》しく光り輝いています。

そして金龍に向かって、

「どうぞ、お願いします」

と言ってください。

すると、この金龍さんがあなたに金色のエネルギーを降り注ぎ始めます。この金色のエネルギーはあなたのネガティブなエネルギーをヒーリングしてくれます。そ

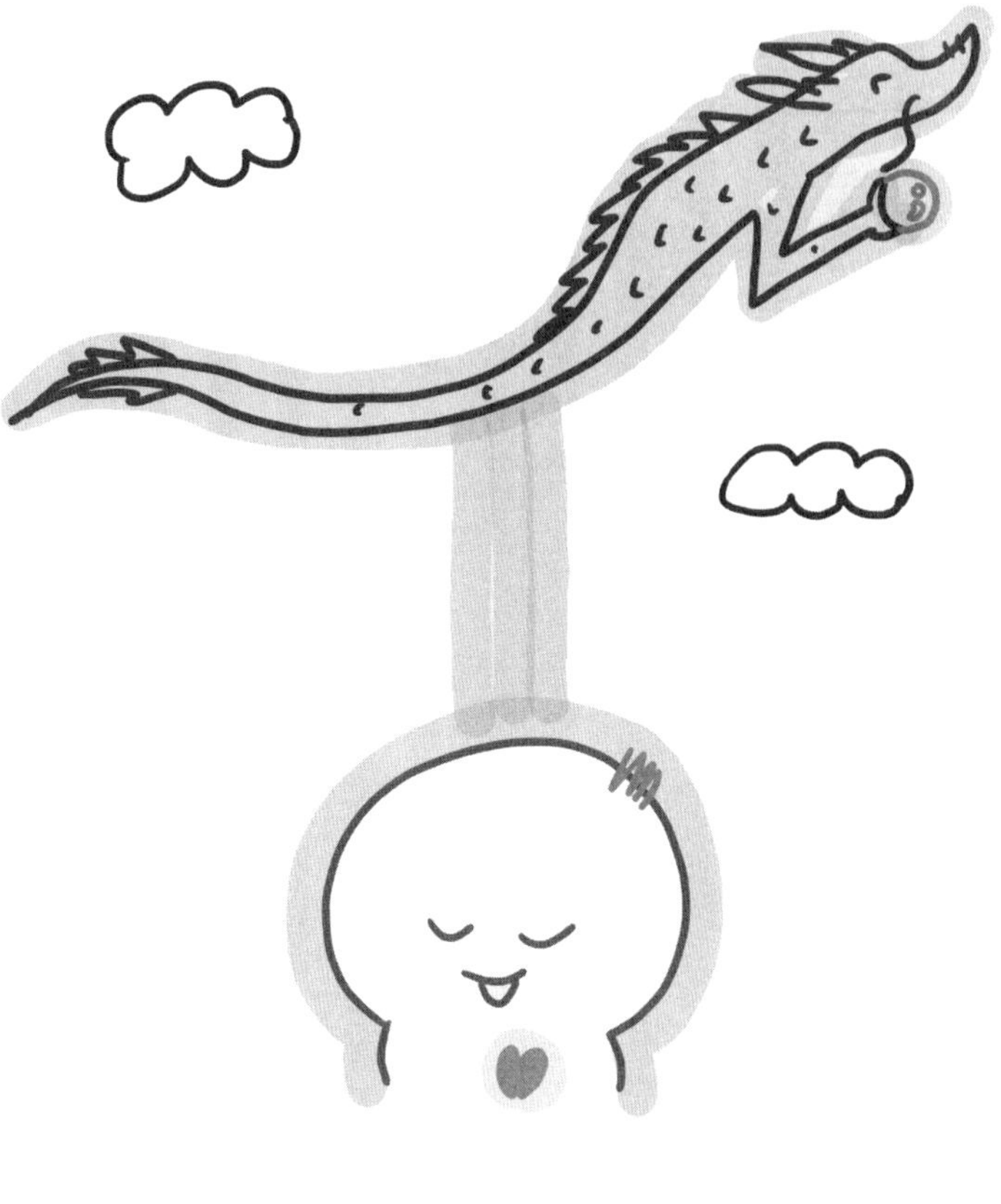

して、あなたの生命エネルギーを活性化させ、チカラを与えてくれます。その優しくて力強いエネルギーであなたの体をいっぱいにします。あなたは金色のオーラをまとっているような姿になります。

ここで、ひとつ深呼吸をしましょう。そのオーラはあなたが呼吸をするたびに、さらに輝きを増していきます。

こうして心と身体が満たされたら、金龍に向かって、

「ありがとうございました」

とお礼を言います。

金龍はあなたが元気になったことを喜び、笑顔をたたえて天に還《かえ》っていきます。

その後で、次の3つの「魔法の呪文」を唱えてください。

「私は龍に護られている」

「私は充分に満たされている」

「私にはすでにたくさんのものが〝ある〟」

これらは、龍に授けられた、どんなときでも心を穏やかにする呪文です。龍から

のエネルギーを受け取ったら、必ず唱えるようにしてください。

②「龍・龍・龍」と3回唱える

次に挙げるのは、誰でもできる、簡単かつ効果の高い方法です。

僕が「神護流《しんご》・龍つなぎ」をするときに見える「守護龍」は、その人と先祖代々のご縁があったり、前世で一緒だったりすることがあります。このように、日本人と龍には、とても深いつながりがあります。

龍の名前を呼ぶだけで、私たちにはパワーが入ってきます。「龍・龍・龍」と、龍を3回唱えてみてください。そうするだけで、僕たちは元気になるのです。

「そんなのは気のせいだ」とおっしゃる方がいるかもしれません。しかし、**「気のせい」とは「氣」のせい。つまり、エネルギーのせいなのです。何かしらの現象が起こったから、それを僕たちは感じるのです。**

「龍・龍・龍」と唱えて、気のせいでも元気になったのであれば、それは「氣」のせい。龍のエネルギーのせい。龍のエネルギーが、あなたの身体に入ってきたからです。

「龍・龍・龍」と3回唱えた後は、次に**龍を8回唱えてみましょう**。8は龍の数字です。

「龍・龍・龍・龍・龍・龍・龍・龍」と唱えると、今度は龍がそばにやってきます。手がじんじんしたり、身体がのけぞったり、くらくらしたりする人がいるかもしれません。僕はカラダが後ろに引っ張られるような感覚があります。

言葉には「言霊《ことだま》」といって、目に見えないエネルギーを具体的なエネルギーに転換する作用があります。ですから、「龍」と唱えると、生命エネルギーが増大したり、龍のエネルギーを感じることができるのです。


できれば、ひとり静かな場所を選んで、心の奥底から、

「龍・龍・龍」

と唱えてみてください。そして、しばらく、余韻に浸ってください。深く瞑想《めいそう》をしたような、身体も心も満たされた感覚を味わえるでしょう。

③体の中の「龍」を意識する

「見えない世界」とつながるゲートが身体の中にあります。それは「ハート」です。ハートはスピリチュアルな存在たちとつながるゲートなのです。

僕は以前、あるスピリチュアルワークをしているときに、自分のハートの奥に入り、「龍の国」にたどり着いたことがあります。

龍の国は、赤、緑、黄色、白など色とりどりの龍がたくさんいる、光り輝くまぶしい場所でした。そのとき僕は、ハートの中は「見えない世界」とつながっていることを確信しました。

とはいえ、いきなりあなたに、「龍の国に行ってください」などと無理なことは言いません（笑）。ここでは、「ハートの奥は見えない世界とつながっている」とだけ思ってください。

そして、そのハートの奥にいる龍を意識してみてください。身体の中にも龍がいるのです。その龍に意識を向けると、あなたの身体の中の龍は活性化し、あなたのオーラエネルギーは大きくパワフルなものになっていきます。

また、身体の中の龍を意識する方法をもう一つ紹介しましょう。こちらのほうが、より簡単に意識することができるでしょう。

それは「背骨」です。**背骨を意識するだけで、エネルギーがアップしていきます。**自信満々な人は、見るからにエネルギーが大きいですね。そういう人は胸を張って立っています。

お笑いコンビ「オードリー」の春日さんを思い浮かべてください。春日さんのように背筋を伸ばすと、自然と身体のエネルギーが満ちてきます。女性の場合ですと、バレリーナのような姿勢でしょうか。胸を張り、背骨を意識して、姿勢を良くするだけで、あなたのオーラエネルギーは大きくなるのです。

ヨガの世界にも、強力な生命エネルギー「クンダリーニ」があります。これは第一チャクラからせん状に上昇するエネルギーで、しばしば蛇や龍にたとえられるといいます。

僕自身、**丹田《たんでん》（へそから5センチくらい下）に意識を置くと、地に足がついた感覚になり、「やるぞ！」という気分が満ちてきます。**現実を動かしていくパワーがみなぎるんですね。これがクンダリーニエネルギーです。背骨の「龍」と第一チャクラのエネルギーを意識すると、あなたのクンダリーニエネルギーが龍のように上昇します。

④龍がいる神社に行って「龍スイッチ」をオンにする

第1章にも書きましたが、神社にはとても不思議なパワーがあります。神社のエネルギーが、参拝する人のエネルギーを大きく変容させるのです。実際、僕は神社に行って金運が上がりましたし、スピリチュアルな存在とのつながりも強くなりました。

特に龍がいる神社に行くと、あなたのオーラエネルギーがとても大きくなります。そのとき、龍を感じたい、龍を視たいと願うなら、意識のスイッチのようなものを切り替えることが必要です。

これを僕は「**龍スイッチ**」と呼んでいます。龍のいる神社に行くと、この「龍スイッチ」が入りやすくなります。

龍がいる神社や仏閣などで僕がオススメするのは、

- 東京都 品川神社
- 東京都 田無《たなし》神社
- 東京都 九《く》頭《ず》龍《りゅう》神社
- 茨城県 鹿島神宮
- 千葉県 香取神宮
- 千葉県 安房神社
- 神奈川県 箱根神社
- 神奈川県 江島神社
- 神奈川県 龍口明神社《りゅうこうみょうじんしゃ》
- 山梨県 新屋山神社
- 長野県 諏訪大社
- 京都府 貴船神社
- 京都府 下鴨神社

・奈良県　丹生川上《にうかわかみ》神社
・奈良県　室生《むろう》龍穴《りゅうけつ》神社
・奈良県　玉置神社
・和歌山県　熊野那智大社
・和歌山県　高野山奥之院
・島根県　出雲大社
・岡山県　備前龍穴
・宮崎県　高千穂
・沖縄県　全域

などです。

こうした神社や仏閣などに行ったら、自分が「アンテナ」になったような感覚になってください。そして、その場所のエネルギーをたくさんキャッチしてください。「観光」で神社や仏閣などに行くのではなく、エネルギー（ご神氣）を「感応《かんのう》」しに神社や仏閣などに行くのです。

そして、龍のいる神社や仏閣などはお願い事をしに行く場所でもあるのと同時に、エネルギーを感じに行く場所と捉えてください。そうすることにより、あなたのオーラエネルギーはバージョンアップされます。

⑤笑って、笑って、笑いまくる

以上オススメで挙げた神社のひとつ、田無神社。こちらには、5色の龍が祀られています。

僕はこの神社さんに前作『夢をかなえる龍』の出版祈願に行きました。拝殿に昇殿させていただき、ご祈禱していただいたのです。

拝殿の向かって左右両側に、木彫りの龍神が飾られています。それを見て、僕は大変感動しました。その両方の龍が「笑顔」でいらっしゃったからです。日本有数の龍神神社である田無神社の拝殿の龍が「笑顔の龍」だとは……。田無神社の境内《けいだい》には、赤龍・青龍・白龍・黒龍・金龍さまが祀られているのですが、どなたも笑っているように見えます。

龍は笑いが大好き。そして龍は、笑っている人に福をもたらすのです。

笑いは高周波数で大きいエネルギーです。オーラエネルギーを大きくして、「福の神」「女神」になろうとする僕たちにとって、それを簡単に可能にしてくれるのが、「笑うこと」なのです。まさに「笑う門には福来たる」ですね。

あなたに不必要なエネルギーが入ってくると、あなたのオーラエネルギーは小さくなります。すると、必然的にお金も入って来づらくなる。そういうとき、心から笑うようにすると、邪気や余計なエネルギーをはねのけてくれます。まさに「笑い」は「祓《はら》い」なんですね。

実際に、科学的な研究でも、笑いはナチュラルキラー細胞を増やす効果があると言われています。ナチュラルキラー細胞というのは、体内のがん細胞を減らしたり、ウイルスに感染しないようにしたりする細胞のことです。また、笑いは脳の働きを活性化したり、血行を促進したり、幸せホルモンを分泌したりするなど、健康にとっていいことずくめなのです。

ぜひ、大笑いをしましょう。わっはっはっはっはー！と声に出すだけでも、だんだんとほんとうに面白くなってきます。**8は龍の数字。**わっはっはっはっはーは「わっ

8888《はははは》―」と表記することもできます。**笑いと龍は、とにかく相性がいいのです。**

「幸せだから笑うのではない。笑うから幸せになるのだ」という有名な格言がありますが、自分の現在の状況がどうであれ、無理してでも笑顔をつくってみてください。そこから、いろいろな流れが生じてきます。

ぜひ、笑って、笑って、笑いまくってください。

⑥龍グッズを身に着ける

龍の指輪、ネックレス、ピアス、ノート、ハンカチ、お守り……なんでも結構です。龍グッズを身に着けることで、あなたのオーラエネルギーはどんどん大きくなります。

僕のお気に入りはハワイで購入した「龍神アロハシャツ」です。これを着ると、とたんに陽気な気分になり、エネルギーが高まるのを感じます。また、イギリスのグラストンベリーというパワースポットで購入した「ドラゴン・クリスタル・ペンダント」もお気に入りです。

龍グッズはたくさんあっても困らないので、今もずっと探しつづけています。特にネックレスや指輪などを売っているのを見かけたら、迷わず購入しますね。龍を身に着けるとエネルギーが大きくなりますし、何よりファッションとしてカッコいい。

女性が身に着けてもオシャレなアイテムは数多くあります。ネットでもたくさん販売されていますので、ぜひ、お気に入りのものを見つけてください。

なかなか龍グッズを身に着けられない！という人のために、先ほども書きましたが「金運バクアゲ！　金龍お札」を付録としてつけました。ぜひ、このお札を財布に入れるなどして、いつも自分の近くに存在するようにしてください。ほんとうに金運がアップしますよ！

⑦テンションが上がる洋服を着る

身に着けるものの中でも洋服は、あなたのオーラエネルギーを大きく左右します。ぜひテンションが上がる大好きな色の洋服を着るようにしてみてください。

ただし女性は「グレー・茶・黒」などの色は避けたほうがいいでしょう。**パアッ**

と華やいだ印象になると、そのぶんお金も呼び込まれます。女神の見本として紹介した叶姉妹は、常に華やかですよね。あそこまで華やかにしなくてもいいので、せめて人と会うときは地味な色を着るのを控えましょう。

「私はナチュラル派なので、落ち着いた色が好みです」

と言って地味な色を好む人がいます。もちろん、その人の好みですので否定はしません。

ですが、お金持ちの人はたとえ白シャツとジーンズを着ていても、シャツの襟《えり》の立て方がおしゃれだったり、イヤリングやブレスレットでさりげなく華やかさを出していたり、髪型でゴージャス感を演出していたりと、自分のオーラに敏感です。

ナチュラル派＝11月の真っ赤な紅葉が美しい清水寺の光景

であればいいのですが、

ナチュラル派＝2月の枯葉と雑草伸びっぱなしの近所の空き地

みたいになっていないか、チェックしましょう。同じナチュラルでも全然違います。

どんな色を着たらいいかわからない人は、ご自身が活性化したいチャクラの色の服を着るといいでしょう。

以下にチャクラの色と、そのパワーの一覧を掲載しておきます。

第一チャクラ：生命力アップ　赤
第二チャクラ：自立心アップ　オレンジ
第三チャクラ：自信アップ　黄色
第四チャクラ：愛情アップ　緑
第五チャクラ：表現力アップ　青
第六チャクラ：直観力アップ　紺
第七チャクラ：スピリチュアル能力アップ　紫

男性は黒やグレーを着てもいいのですが、必ずそれ以外の色を入れるようにしましょう。

僕は海外を飛び回っているので、世界で活躍する日本人デザイナーの服を着ると波長が合います。なかでも、某パリコレデザイナーの服がお気に入り。1着50万円以上するものもザラにあるのですが、そういう服を身に着けると自分のオーラエネルギーが大きくなり、そこにお金が呼び込まれるのです。ですから、高額だとはまったく思いません。また、その洋服が僕を海外に連れて行ってくれるように思えて、着ているだけで楽しい気持ちになってきます。

ただ、そのブランドの基本コンセプトの色は黒なので、必ず赤や青のアクセサリーなどを入れるようにしています。

カバーのプロフィール写真をご覧いただけるとわかりますが、僕の髪の毛は金色です。金色に染めるとテンションが上がり、オーラエネルギーも大きくなってきます。

男性はどうしても全体が地味な色になりがちですが、自分のエネルギーを大きくする時計やアクセサリーを選びましょう。

時計はスポーツブランドのものより高級ブランドのものがいいでしょう。見た目にこだわらない男性は、「そんなの着けても意味がない」と思いがちなのですが、実際に着けてみると、テンションが上がるものです。毛嫌いせずに試してみてください。

ふだん「Tシャツしか着ない」という人も、ネックレスやブレスレットを着けるだけでぐっと印象が変わるものです。**印象が変わると、他人からの評価が上がるので、同時に自己評価も上がります。自己評価が上がれば、自分のエネルギーも上がります。**男性は見た目に無頓着《むとんちゃく》な人が多いので、ちょっと気をつけるだけで、相対的にエネルギーが大きくなります。女性よりハードルが低いですね。

⑧とにかく楽しむ！　ワクワクする！　むっちゃ遊ぶ!!

龍は人生を楽しんでいる人を応援します。

子供のようにはしゃいでいる人が大好きです！

楽しいことをしましょう！　ワクワクすることをしましょう！　幸せで豊かな気

持ちになることをしましょう！

先ほど、エネルギーの大きい人にお金が入ってくると言いましたが、楽しくワクワクした気持ちで遊んでいるとエネルギーは大きくなります。

そして、その「ワクワク」を「お金」に変えることができたら、あなたは「お金の無限∞循環」に入ることになります。次の章でぜひ、学んでください。

ワクワクすることが生活の中心になったら、人生、ほんとうに楽しいですよ!!

第3章

「お金の無限∞循環」の創り方

❋ワクワクすることでお金をもらうには

さあ、この章では「お金の無限∞循環」の創り方をお伝えします。

「お金の無限∞循環」の真ん中に入れている「∞」のマークにはちょっとした秘密があります。

僕は「人気スピリチュアルマスター養成スクール」というスピリチュアル能力を開花させるスクールを運営している関係で、魔法に関する古い書物を読むことが多々あります。そうした書物によると、神さまの言葉を降ろす、いわゆる「チャネリング」という技術を用いるときに、古代の人は「シンボル」を使うことが多くあったといいます。この本はスピリチュアル能力開発の本ではないので、詳細は割愛しますが、龍のエネルギーはこの「∞」のシンボルに降りてきます。

龍は「流れ・循環・無限」の象徴なのです。

また、いまの元号の「令和」は0（零）・○（和）で、これらを合わせると「∞」というマークになります。単なるつじつま合わせのように感じるかもしれませんが、あながちこういったことが真実を捉えているものです。現にこの「無限」というフレーズに心惹《ひ》かれる人が近年多くなっているように感じます。

実は、お金も無限に循環することができます。
「お金の無限∞循環」を創るには龍のエネルギーを使うことです。

龍は何が好きでしたか？
どんな人を応援しましたか？
そう、ワクワクして楽しんでいる人を応援しましたね。
ですから、「お金の無限∞循環」の創り方をより具体的に表現するならば、
「ワクワクすることにお金を使い、ワクワクすることでお金をもらう」
です。

こんなことを言うと、お金に対して古い考えを持っている人は、「そんなうまい話はない！」と怒るかもしれません。でも、僕がいままで出会ってきた幸せなお金持ちたちは、多かれ少なかれ自分の好きなことにお金を使い、好きなことでお金をもらっています。

ただ、ひとつ注意をしていただきたいことがあります。

それは、「ワクワクすることでお金をもらう」というのは、従来の自己啓発本に書かれているような、「ワクワクしていればお金が入ってくる」とは違うということです。

どういうことなのか、順を追って解説しましょう。

①ワクワクすることにお金を使う

ワクワクすることにお金を使います。そのワクワクすることはあなたにとって楽しくて仕方がないことです。そのことをすればするほど、あなたのエネルギーは大きくなります。そして、エネルギーが大きくなったあなたに、お金が呼び込まれるでしょう。

②ワクワクをシェアする

ワクワクすることは、他の人に伝えたくて仕方なくなります。ワクワクをシェアしましょう。すると徐々にあなたのワクワクに感化されて人が集まってきます。

③ワクワクでお金をもらう

①~②をつづけていくと、あなたが他の人に放ったワクワクのエネルギーにお金を払う人が出てきます。すると、あなたには最初に使ったお金以上のお金が手に入ります。

④お金をまたワクワクすることに使う

もらったお金をふたたび、自分のワクワクすることに使います。すると、あなたの仕事のクオリティも情熱もさらに上がっていきます。その上昇したワクワクエネルギーを、他の人と共有します。すると、もっとお金が入ってきます。

――このように、「ワクワクすることにお金を使い、ワクワクすることでお金をもらう」をすると、「お金の無限∞循環」の中に入れるのです。

❋「お金の無限∞循環」のしくみ

まだ、ピンとこないかもしれませんね。ですので、僕の実体験を紹介しましょう。

僕はスピリチュアルなことが大好き。特に神社が大好きなので、日本全国各地の神社に行きまくりました。

ただ、全国の神社に行くとなると、もちろん交通費や滞在費などがかかりますよね。僕がこうしたことにお金を使うということは、自分がワクワクすることにお金を使ったということになります。(①)

そして、訪れた神社がどれほど素敵であるかをブログで書きつづけました。ワクワクをシェアしたのです。(②)

すると、「SHINGOさんと一緒に神社に行きたい」という人が現れました。(③)

そこで、僕は、「SHINGOと行く神社参拝イベント」をはじめました。最初に行ったのは、鹿島神宮・香取神宮・息栖《いきす》神社の「東国三社」でした。最初の参加者は5人でした。④

このイベントはほんとうに楽しかった！　奇跡のような出来事がたくさん起こって、毎瞬、毎時間ワクワクするような旅で、興奮しっぱなしでした。

そのイベントでいただいたお金で、僕はふたたびたくさんの神社に行きました。それまでは僕が住んでいる関東の神社が中心でしたが、関西や中国地方、四国、九州地方へも足を延ばしました。いわゆる「秘境」と言われるような神社や、「神さまに呼ばれなくては行けない神社」にもたくさん行きました。⑤

すると、さらに「SHINGOさんと神社に行きたい」という人がたくさん現れました。そして、いまではたくさんの人がイベントに参加してくれたり、ハワイでセミナーを行なうようになったりしています。

好循環が巻き起こって、循環が循環を生むようになったわけですね。

この流れをもう少し細かく見てみると、

①「ワクワクすることにお金を使う」
↓②「ワクワクを他の人にシェアする」
↓③「そのワクワクを一緒に体験したい人が現れる」
↓④「その人たちからお金をもらう」
↓⑤「そのお金をまたワクワクすることに使う」
↓②「またワクワクを他の人にシェアする」
↓③「さらにワクワクを体験したい人が現れる」
↓④「さらにお金が入ってくる」
↓⑤「さらにさらに、そのお金をまたワクワクすることに使う」
↓以下、無限ループ……

となっていることがわかります。

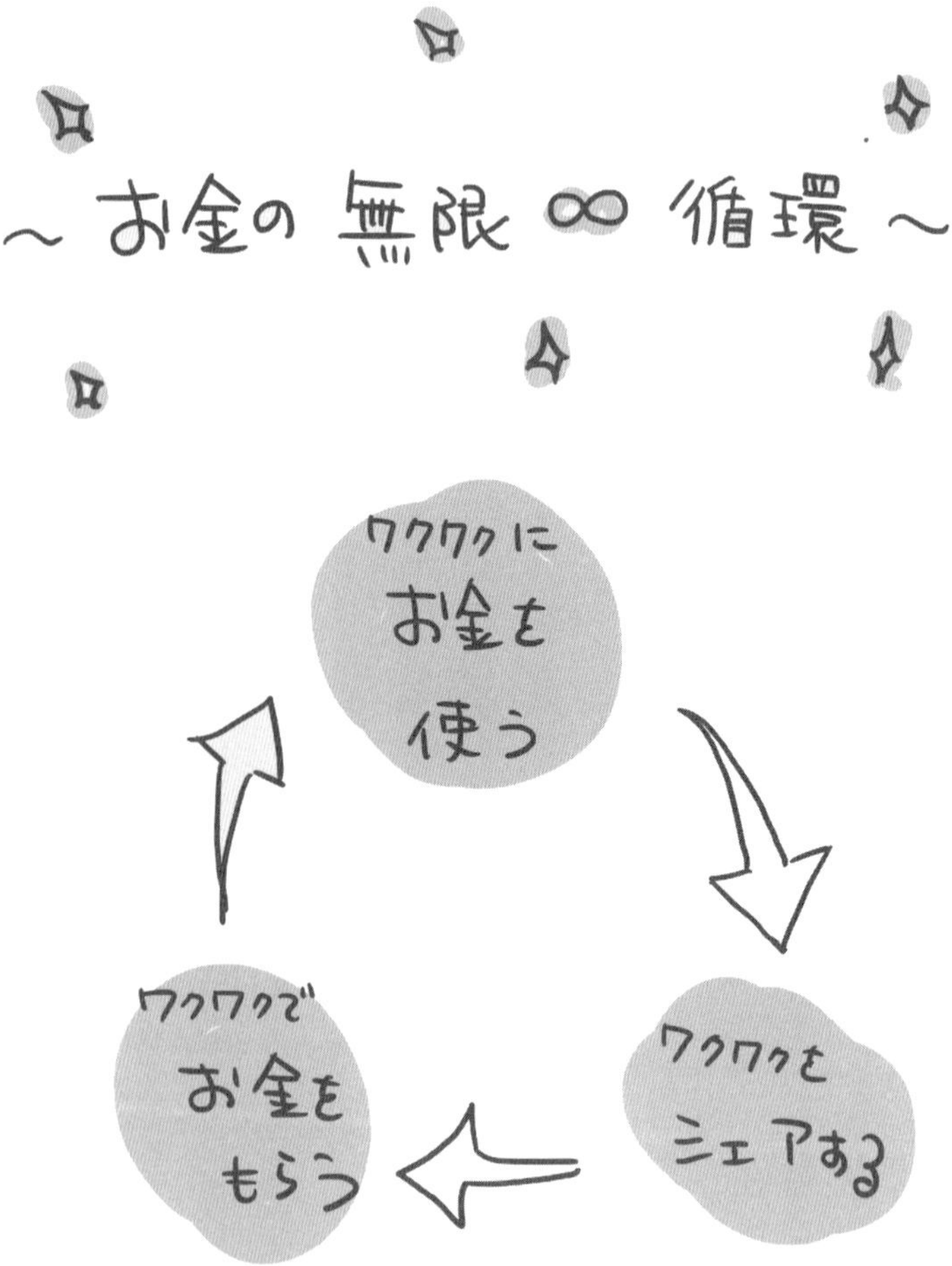
~お金の無限∞循環~
ワクワクにお金を使う
ワクワクをシェアする
ワクワクでお金をもらう

❋「お金が入ってくる道」を複数つくる

「いやいや、ワクワクすることにお金を使ってるんだけど、ＳＨＩＮＧＯさんと違って、まったく入ってきません！　どうなってるんですか！」

と抗議する人がいるかもしれません。

そんな人は、自己啓発本などでよく見聞きする「ワクワクすることにお金を使えば、お金が入ってくる」という言葉に影響を受けたのだと思います。

「ワクワクすることにお金を使えば、お金が入ってくる」は間違ってはいないのですが、圧倒的に言葉足らず、です。

なぜならば、ワクワクすることにお金を使う「だけ」だと、お金は出ていくだけだからです。

お金が流れてくるには、「お金が入ってくる道」が必要なのです。

よく考えてみるとわかるのですが、僕たちが生活をしていく中で「お金が出ていく道」はたくさんあります。

家に住んでいるだけで家賃はかかりますし、どこかに出かけるだけで交通費もかかりますし、外食したらそのぶんだけお金はかかります。

このように「お金が出ていく道」はたくさんありますが、「お金が入ってくる道」はどれくらいあるでしょうか?

サラリーマンやパート・アルバイトで生計を立てている人なら、月に1回会社からのお給料が「お金が入ってくる道」です。専業主婦の方なら、旦那さんからもらう生活費が「お金が入ってくる道」でしょう。

驚くべきことに9割以上の人の場合、お金が入ってくる通り道が「1本しか」ありません。お金が出ていく道は無数にあるのに、お金が入ってくる道が1本だけだったら、お金に困るのは当然のことです。

そうならないためにも、お金が入ってくる道が複数必要なのです。そして今、その道は自分でつくれる時代になっています。

近年、個人事業主がたくさん増えています。また、徐々にですが、企業も副業を

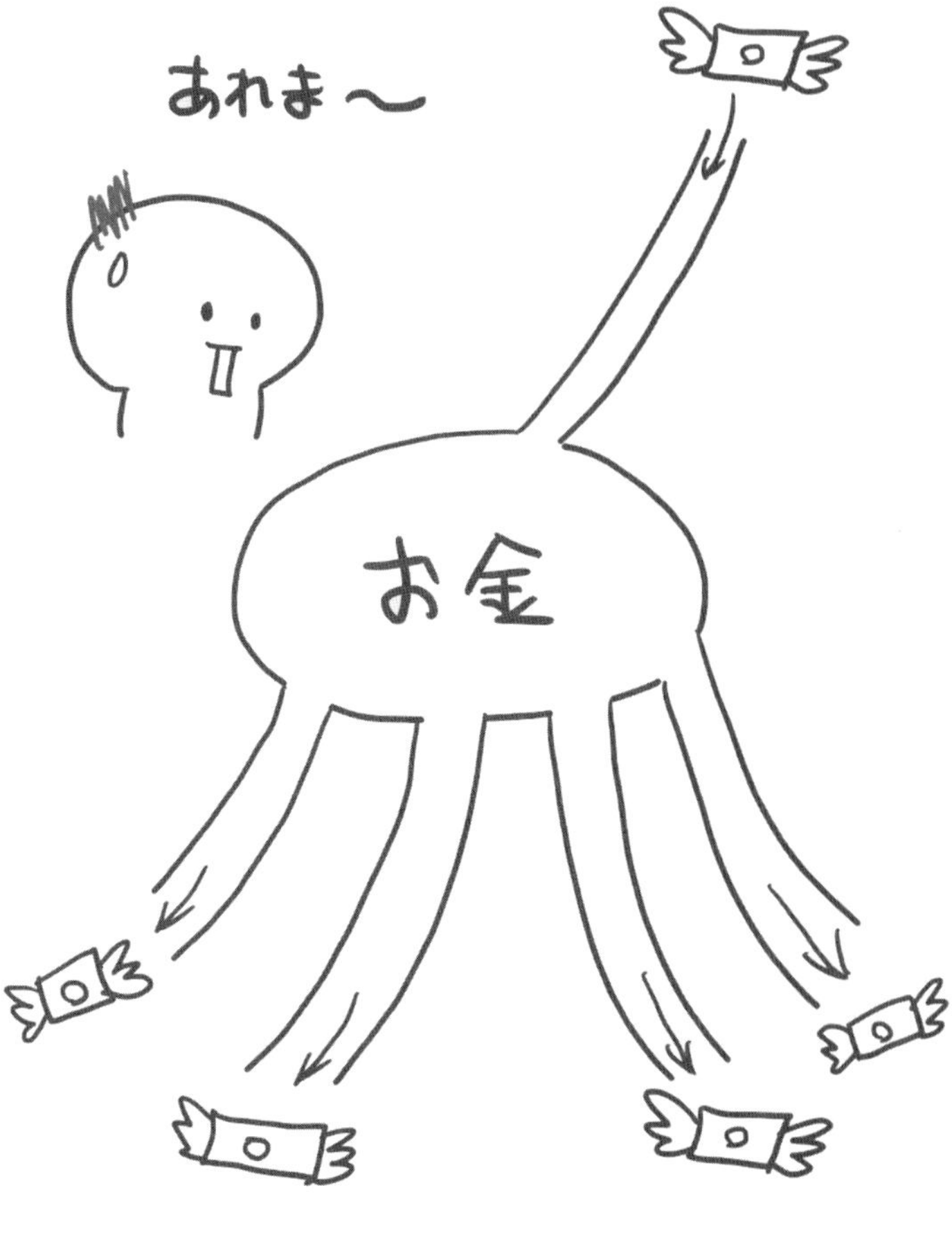
あれま〜
お金

認めるようになりました。個人がお金の入ってくる道を複数つくっていく時代に、もう突入しているのです。

とはいえ、闇雲にお金が入ってくる道をつくったとしても、楽しくなければつづきません。あなたがその道でお金を得ることを楽しんでいないと、その道を通してあなたが他の人に与えるエネルギーは不足してしまいます。これでは、収入にはなかなか結びつきません。

我慢してお金を稼ぐ時代は終わりました。これからは「喜び」「愛」でお金を引き寄せる時代です。あなたのワクワクすることで、お金を呼び込んでください。

※「お金の無限∞循環」を創り出す8つのステップ

さあ、ここまで読んできて、「そんなの無理だよ!」って思いますか?

それとも、「そうなったら楽しそう! やってみたい!」って思いますか?

ワクワクしている人は、きっとうまくいくでしょう。難しいなあ、と思う人も大丈夫です。

特に後者の「難しいなあ」と思う人に向けて、どうすればうまくいくか、これから順を追って解説をしていきます。この本を読み終えた頃には、あなたは「お金の無限∞循環」の入り口に立っていることでしょう!

① 自分のワクワクを見つける

「お金の無限∞循環」に入るために、最初に行なうことは、当然のことながら、あなたの「ワクワク」を見つけることです。

前述しましたが、ワクワクすることをやると、自分の波動が高くなり、オーラエネルギーが大きくなります。ワクワクすることで、龍がこれ以上ないくらい力を貸してくれるからです。ワクワクのパワーはすごいのです。

②ワクワクの「火種」を探す

まずはワクワクすることを書き出しましょう！

あなたがそれを書いているだけで、テンションが上がることです。10個でも20個でもいいのでたくさん書いてみます。

「うーん、好きなこともワクワクすることもわからない……」

という人もいるかもしれません。

何を隠そう、僕もワクワクすることがずっとわかりませんでした。20代の頃、自分探しのために青年海外協力隊に入ろうと思ったのは懐かしい思い出です。恥ずかしながら「ワクワク迷子ちゃん」「好きなこと迷子ちゃん」だったのです。

僕は「やりたいこと探しのワナ」にハマっていました。

「やりたいことのワナ」とは、次の3つの式が頭の中にある状態です。

やりたいこと＝人から評価されること
やりたいこと＝お金になること
やりたいこと＝偉大な何者かになること

これらに共通するのは、「他人から見た自分」、つまり、「他人のものさし」です。「他人のものさし」で自分のやりたいことを見つけようとすると、

・社会に貢献する
・一流の○○になる
・立派な人物になる

といったものを想像しがちです。

しかし、自分の「ワクワクすること」はあくまで「自分の感覚」に基づいたものなので、結局ピンときません。

もしくは、

・ヒーラーになる
・カウンセラーになる
・お金持ちになる

という願望も、それ自体を純粋に願うのは素晴らしいことですが、その願望のウラに「そうなったら他人から認めてもらえる」という「ウラ他人のものさし」がくっついていると、これもまた自分の感覚にピンときません。

しつこいようですが、スピリチュアル・マスターになってもお金持ちになってもいいんです。

ただし、そこに他人軸が隠れていると、自分の感覚にはピンときません。

そして、多くの人が無意識のうちに他人軸になっているので、いつまでたっても

「やりたいことがわからないなぁ〜、ピンとこないなぁ〜」という状況がつづいてしまうのです。

「やりたいこと」「ワクワクすること」というのは、心が〝ときめく〟ことです。

自分の体と心が反応する、とても個人的な感情です。

- 人とおしゃべりする
- 心を開いて朗々《ろうろう》と大きな声で歌う
- パワースポットを旅する
- たくさんの本を読む
- いろんな人とキャーキャー言いながら遊ぶ
- 最高に私に似合うおしゃれをする

などなど、シンプルなものです。

「え？　そんなのでいいの？」って拍子抜けしたかもしれません。

実はこの「拍子抜け感」がとても重要なのです。

へっ?
そんなんでいいの?

他人軸の人は肩に力が入っています。人間は自分でも気がつかないうちに、他人の目線の中で生きているものです。

「拍子抜け感」は、無意識のうちに他人軸になっていた自分が、自分軸にもどったサインです。そのときあなたは肩の力が抜け、あなた自身の感覚がよみがえってきています。

ですから、「拍子抜け」するくらいで、ちょうどいいのです。

お金にならなくても、他人から認められなくてもかまいません（そういうものは後からついてきます）。まずは、あなたの純粋な「ワクワク感」や「ときめき」を探してください。

まるで幼い子供がいつもの公園で、新しいブランコを見つけたときのような感覚です。

「わあ！　乗りたい！」

そのピュアな感覚を思い出してください。これがあなたの「ワクワクの火種」です。

そして、その火種に薪《たきぎ》をくべていって、火を大きくしていくのです。

そう、やりたいこととは焚火《たきび》のようなものなのです。

僕の活動初期の例をふたたび挙げます。僕は自分のやりたいことがわかりませんでした。前述の通り「やりたいことのワナ」に引っかかっていたからです。

あるときそのワナに気がつき、小さくてもいいから「ときめいてワクワクすることは何だろう？」と自分に向かって問いつづけました。

そうしたら、自分の内側から「人と話すこと」と出てきたのです。つづいて、「お酒を飲むこと」「スピリチュアルなことを話題にすること」というのも出てきました。

そこで、この3つを掛け合わせて、「スピリチュアル居酒屋グループセッション」というのを開始しました。居酒屋の個室を借り、そこで5人くらいがご飯を食べ、お酒を飲みながら行なうスピリチュアルセッションです（現在は終了しています）。

セッションは和気あいあいと行なわれ、楽しく時間が過ぎていきました。そして、その場でほんとうに楽しんでいる自分の姿を見つけたのです。スピリチュアルなことについてお酒を飲みながら話すのがこんなにも楽しいことなのか！　まさに火種に薪がくべられた瞬間でした。

あまりにも楽しかったので、この「居酒屋セッション」を何度も何度も開催しました。回数を重ねるにつれ、どんどん楽しくかつ面白くなり、やめられなくなりました。そして気づいたのが、僕が楽しんでいることだけでなく、参加者さんがどんどん変化していったことです。「いままで参加したイベントの中で一番内容が濃かった」という感想もいただきました。

このセッションでは霊視もしたのですが、数をこなすうちに僕の霊的感覚がどんどんアップしました。神さまや守護霊さん、ご先祖さんがたびたび現れて、言葉が降りてくるようになったのです。人の守護龍がはっきり見えるようになったのもこの頃でした。

そしていつの日か、「もっとスピリチュアルについて伝えていきたい」という気持ちが芽生えていったのです。こうして「ワクワクの火種」はどんどん大きくなりました。その後、僕は癒しフェアに登壇したり、書籍を出版したりして、やりたい

ほぉ〜
これが使命か

ことの火が燃え盛っていったのです。

現時点でも僕のやりたいことは無限にあります。「ワクワクの火種」は世界規模に広がり、キャンプファイヤーの炎のように天を焦がさんばかりです。

このように、最初は純粋な気持ちからスタートするのです。

あなたも僕のように、「やりたいことのワナ」に気づき、「ときめいてワクワクすることは何だろう？」と自分に向かって問いつづけていけば、徐々に自分のやりたいことが明確になっていきます。

いずれ、その火が大きく燃え盛るのを見て、あなたは「ああ、これが私の使命だったんだ」と気づくのです。

「答えは自分の中にある」と言われます。もちろん、最初のワクワクの火種は自分の内側にあります。

でも、**実はそのワクワクが「これが私の使命だ！」と思うまでの「納得感」は、自分の内側ではなく、外側（現実）が教えてくれることなのです。**

使命は自分の内側を見つづけてもわかりません。内側にある火種を、外側の現実世界で実践することにより、「宇宙」が使命を教えてくれるのです。そのときこそが、内側と外側がつながってひとつになる瞬間です。

しかし、最初のスタート地点で間違うと、火種すら見つかりません。他人のものさしで自分のやりたいことを探すのは即刻やめて、小さなことでいいので、あなたがほんとうにときめくことを書き出してみましょう。

火種が見つかれば、あとはそれを広げていくだけです。

ただ、くれぐれも自分でその火を消さないように注意してくださいね（笑）。

③お金とは「愛と感謝」を数値化したもの

さあ、今ここにあなたのワクワクの火種が見つかりました。そのワクワクを広く世界に向けて表現しましょう。

最初はちょっとコワイかもしれません。

ワクワクとコワイはセットです。ワクワクすることほどムリムリ！と思うのです。

僕はよくクライアントさんに

「コワイはGO！」

と言います。コワイことこそ、あなたがやるべきことなのです。

では、ワクワクを表現するとはどういうことでしょう？　具体的にはあなたがワクワクすることを人に話したり、ブログやSNSなどを使って言葉や絵にして開示することです。

SNSが苦手という人はもちろん使わなくてもいいです。直接会った人たちに伝えていきましょう。

何よりも、あなたの「ワクワク」を世界に伝えること。これが一番大切です。

あなたが愛していることを、あなたの愛をもって、たくさんの人に伝えましょう。

たとえば、こんな感じです。

・料理をするとワクワクするのであれば、毎日レシピをブログにアップする
・旅行をするとワクワクするのであれば、旅行の写真をアップする
・スピリチュアルなことにワクワクするのであれば、あなたが神さまからキャッチ

したメッセージをブログ記事にする

そうすると、あなたのワクワクエネルギーに惹かれて、あなたと同じような趣味を持つ人が現れます。

その人たちと交流しましょう。

その人たちと仲良くしましょう。

その人たちが「わからない」と感じることを、できるだけわかりやすく解説しましょう。

あなたのワクワクに興味を抱いて集まってくれた人たちに愛をもって接すれば接するほど、その人たちはあなたに「感謝」してくれるでしょう。

実は、**お金とは「愛」と「感謝」を数値化したものなのです。**

僕は神社が大好きで、各地の神社の素晴らしさをブログで表現していたのは、先に述べた通りです。「神社大好き！　愛してる!!」って毎日、毎日書きつづけたのです。

でも僕は当時、神社についてそんなにくわしくはありませんでした。神社検定を受けようとも思いましたが、テキストを前に居眠りをしてしまう始末（笑）。ですから、僕に神道の知識やスキルがあったわけではないのです。大した知識もないのに、ただただ、僕なりに神社が好きだ！ということを日々綴《つづ》っていたのです。

すると、同じく神社好きな人たちが僕のブログを読んでくれるようになりました。そのうち、「ここの神社に行ってみて！」というコメントも届くように。「面白そう！」って思ったらすぐにその神社に行き、ブログでレポートを書くようにしたところ、コメントをくれた人から「ＳＨＩＮＧＯさん、私の代わりに神社に行ってくれてありがとう！」という「愛と感謝」が集まるようになりました。

ブログでは、神社についての質問も受けるようになりました。僕はわからないなりに自分でいろいろ調べ、読んでくれる人が理解できるように、わかりやすい説明を心がけました。すると、ここでも多くの人から「ＳＨＩＮＧＯさん、いろいろ教えてくれてありがとう！」という「愛と感謝」が集まったのです。

この状態で、神社イベントを企画しました。すると、初回からお客さんの申込みがあって、回を重ねるごとに参加者が龍の如く上り調子で増えていきました。

参加者が増えたということはもちろん、お金が入ってきたということです。

これは、僕が自分の「ワクワク」を「愛」をもって表現しつづけた結果、その「ワクワク」に触れてくれた人の「愛と感謝」が集まり、その「愛と感謝」が「お金」に変換されたということを意味します。

愛を出すと、愛が返ってくる。

これが、「お金と愛の無限∞循環」です。

④「愛の温泉」になって、あなただけの「神セブン」を集める

あなたが好きなことを表現し、集まってくれた人に喜んでもらえば、お金が呼び込まれる。

とても素敵なことだと思いませんか？

こんなことを言うと「それって、お金のためにブログを書けってことですか？」と返す人がいますが、そういうことではありません。

あなたにお金を払いたい人がいたとします。でも、あなたが何者で、どんな人かがわからなければ、その人はあなたにお金を払うことができません。

でも、あなたがあなた自身を表現すれば、あなたのエネルギーに触れたい人が出てくるのです。

その人に「こんなサービスがあるので、よかったらどうぞ」って言うだけで、お客さんは喜んでお金を払ってくれるのです。だってあなたに「感謝」を感じているのだから。

「ワクワク」「喜び」「愛」「感謝」を、あなたから放射してください。その大きさと波動の高さに比例して、仲間が集まってきます。それはまるで「温泉」をつくるようなイメージです。

あなたが「愛の温泉」になるのです。実際の温泉には日本各地、いや世界各地から人が集まりますよね。あったかくて安心する場所には人が集まるのです。そんな場所をつくれば、いろいろな人が集まってきます。あなたが、エネルギーが高くて大きい「愛の温泉」になれば、自然と人が集まるようになります。

そして、これはとても重要なことですが、何も大勢の人を集める必要はありません。ブログやSNSでお金を稼ごうと思ったとき、多くの人が「インフルエンサー

（影響力がある人）」にならなくてはいけないと無意識のうちに考えてしまうものです。しかし、**ブログやSNSの読者〝数〟は、そこまで多くなくてもきちんと収入につながります。**

僕は「龍の魔法学校」や「神護流・龍つなぎ」のほかに、スピリチュアルをお仕事にしたい人向けのコンサルティングも行なっているのですが、たくさんの人をコンサルした結果として、**フォロワー数と収入は相関しない**と結論づけています。

5人でも10人でも、あなたのテーマを気に入ってくれて、あなたのワクワクに触れたいという人がいたら、充分にお金は入ってきます。もちろん、１００人以上いたら相応の収入になりますが、必ずしも1万人レベルの人に知ってもらわなくてもいいのです。

ここで具体的に、「自分のワクワクすること」がどういうふうにお金になるかを考えてみましょう。

たとえば、毎月１０００円の会費をいただくオンラインサロンをつくったとします。会員さんはあなたのワクワクに共感している人たちです。あなたはたくさんのワクワクを伝えつづけた結果、「1000円なら出してもいいよ」という人を70人集めることができました。すると、1000円×70人ですから7万円のお金が呼び込まれます。7万円といえばパートやアルバイトで週3日働いたときの1か月の手取りと同じくらいでしょうか?

大好きな人たちに囲まれながら、月7万円の収入を得るのか?

それとも、イヤな上司に嫌味を言われながら、月7万円のパート勤めをするのか?

どっちがいいですか?

私は70人も集められない!って人なら、たった「7人」でもいいのです。

日本には1億3000万人の人がいます。そのうちの「7人」でいいのです。

日本の人口を「大河」にたとえるならば、その大河からちょっとだけ、自分のほうに水を引いてくるイメージです。あなたが「愛の温泉」になって、そこに少し小川が流れてくれれば、それで充分なのです。

なぜ、7人でいいのか?

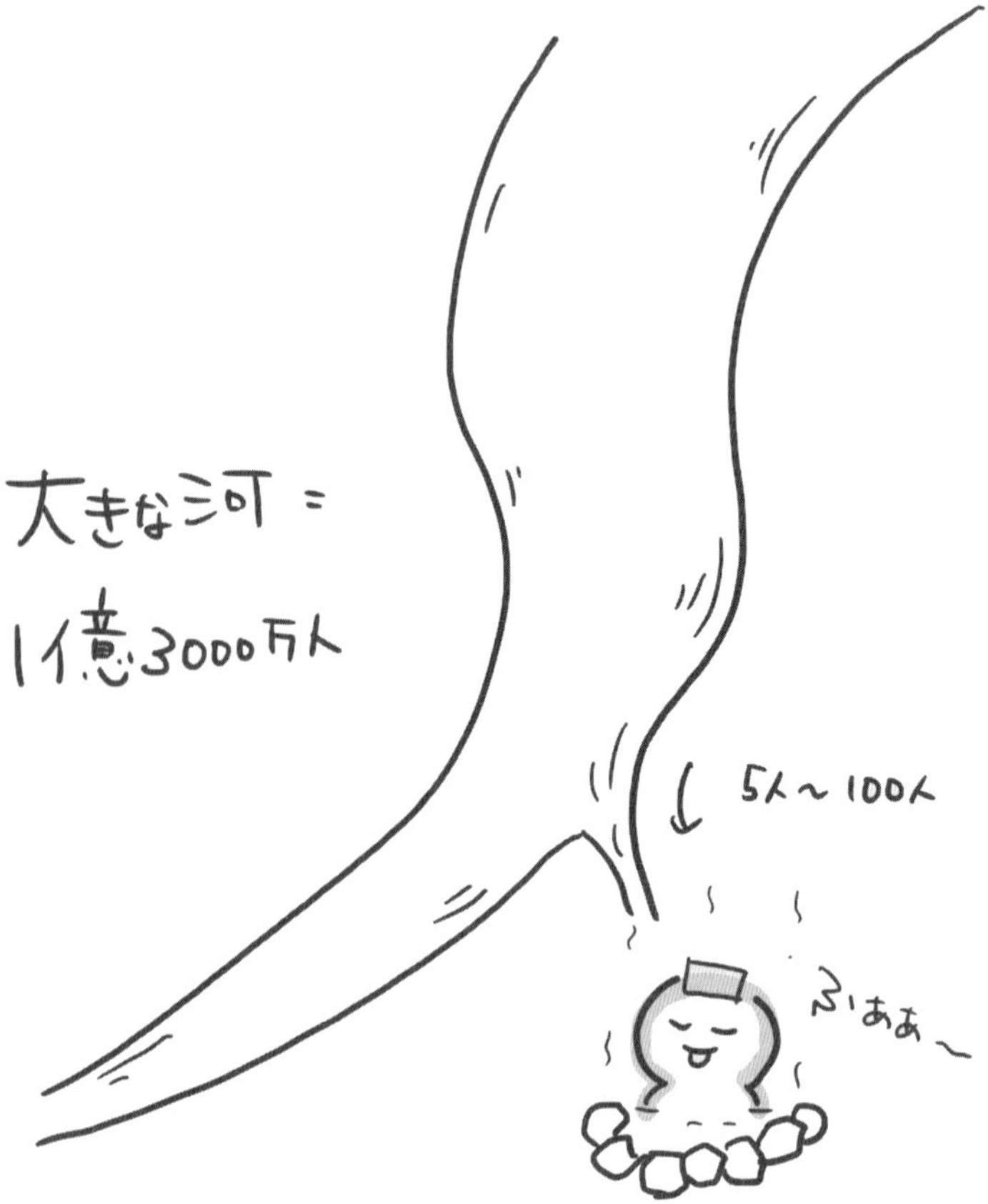
大きな河 =
1億3000万人
5人〜100人
ふぁぁ〜

実際に収入シミュレーションしてみましょう。

たとえば、心理カウンセリングなどの個人セッションをしている人がいます。実際の心理カウンセリングの料金はカウンセラーさんによりピンキリですが、ここでは1時間1万円をいただくことにしましょう。その場合、7人にセッションをしたら7万円の収入です。

あなたのワクワクに共感してくれる人から7万円を頂戴するのか？

それとも、会社のお局《つぼね》さんに毎日気を使いながら、じっと我慢して7万円のパート勤めをするのか？

どっちがいいですか？

7人だったらやれそうな気がしませんか？

そうなんです。ワクワクすることでお金を稼ぐのは、そんなに難しくないんです。

もちろん7万円というのは、お金の初心者さんに向けて、「そんなに難しくないですよ～」って言いたくて出した例です。「7万円なんて安いじゃないか！」って怒らないでくださいね。

もちろん、30万円でも、100万円でも、それ以上でも、お金を呼び込むことができます。

実際に僕のクライアントさんは100万円どころか、300万円、1000万円のお金を呼び込んでいます。

先ほどの例を挙げれば、オンラインサロンの月会費を1000円ではなく、3000円にすれば、それだけで21万円ですよね。企業の初任給を超えるくらいの収入にはなるでしょう。

あなたが勇気を出して、あなたのワクワクを世界中に広げれば、自分1人が生活できるくらいのお金を呼び込むことは大して難しいことではないのです。そして、経験を積めば、家族4人が年に1回のハワイ旅行をしながら、充分に暮らしていくくらいの収入を得ることも難しくありません。

あなたがワクワクして、愛をもって発信し、あなたが「愛の温泉」になれば、あなたのワクワクに共感して、あなたのことが大好きで、あなたにお金を払ってくれる、あなただけの「神セブン」が集まってくる。

そういうふうになっています。

さあ、今からあなたの愛を世界に放ってください。

「お金を稼ぐ」という意識より「愛と感謝を集める」という意識で行なうといいかもしれません。「お金集め」は「感謝集め」。「感謝集め」は「仲間集め」と覚えましょう。

あなたという温泉に他の人を入れてあげるイメージです。

あなたのお客さんたちは、〝あなた温泉〟の同好会メンバーです。

そして、「あなた温泉同好会」をつくるためには、やはりSNSを使うのが効率的です。日本のみならず世界各地にいる「あなた温泉」に入りたい人をお誘いできるからです。ご近所さんで7人集めるのが難しくても、SNSで7人だったら簡単です。

SNSとは、

S：幸せな
N：仲間をつくる
S：しくみ

ふわあああ
ふうぅ
おー
ふわああ
きもち
ええ〜
はうっ

なんですよ♪

⑤お金とラブラブな恋人関係になる

さあ、ワクワクすることを発信し始めたあなたは、「同好会メンバー」が増えつつあります。

そこで、次のステップでは、そのメンバーからお金をもらうことをやってみましょう。

ただ、この「お金をもらう」というのがほんとうに難しい。

それを強く感じたエピソードをご紹介しましょう。

ある駅のホームで電車を待っていたときのことです。

ベンチに40代後半と思われる女性二人が座っていました。

とても楽しそうにお話をしていて、はたから見ていても心がほっとするような光景でした。

ところが、彼女たちがお金の話を始めるやいなや事態は一変。漏れ聞こえてきた二人の会話は次のようなものでした。

Aさん「この間はありがとうね。助かったわ」
Bさん「いいのよ、お互いさまでしょ」
Aさん「これ、借りていた5000円。ちょっと多いけど気持ちよ（1万円札を渡す）」
Bさん「え!?　私が貸したのは5000円よ。これ、1万円札じゃない！」
Aさん「うん、あのときほんとうに助かったから、感謝の気持ちよ」
Bさん「何言ってるのよ、こんなのダメよ！」
Aさん「いいのよ。気持ちなんだから。気にしないで。ねっ♪（強引に1万円札を握らせる）」
Bさん「ダメよ！　やめて！　こういうの困るわ!!（拒絶し、1万円札を強く押し返す）」
Aさん「いいのよ！　取っといて!!（強引に1万円札を握らせようとする）」

Bさん「ダメだってば!!（負けじと引きはがす）」
Aさん「取っといて!!（強引に腕をからませ、相手の肘関節をがっちりと固める）」
Bさん「ダメだってば!!（秒速で相手の関節固めをかわし、逆に相手の関節を取りにいく）」
Aさん「取っといてえええええ!!（すっかり鬼の形相）」
Bさん「困るってえええええええ!!（こちらも負けずに鬼瓦）」

――と、こんな〝死闘〟とも呼べるやりとりが、駅のホームで10分ほど繰り広げられていたのです。

冗談抜きで、まるでプロレスのようでした……。

前に「感謝がお金に変わる」と書きましたが、このケースでは、お金を貸したBさんに、Aさんは感謝をしていた。ですから、5000円が1万円になって返ってきた。セオリー通りですね。

でも、どうしてこんなことになってしまったのでしょうか？

どうして仲良し二人組が、〝顔面鬼瓦レスラー〟になってしまったのでしょうか？

まさに、この問いの答えの中に「**お金の真理**」が隠れているのです。

実は、「**人間はお金のことが好きだけど嫌い**」なのです。

人間はお金に対して、とても複雑な感情を抱いています。

お金は欲しいけど、欲しくないって思っています。

だから、多くの人がお金に混乱してしまう。素直に「欲しい」って言えば、手に入るのに、なかなか手に入らない。なのに欲しい。でも「いらない」って言っちゃう。なんだ？　なんなんだ⁇ってなってしまいます。

これがお金のことを複雑にしてしまっている要因です。

だったら、お金のことをシンプルに捉えればいいのです。

そのためのうってつけの「たとえ」があります。

さっきの女性二人のやりとりって何かに似ていませんか？

好きだけど嫌い。

嫌いだけど好き。

なんだか「恋愛」みたいじゃありませんか？

そう、**「お金」は「恋愛」にとっても似ているのです。**

つまり、このつかみどころのない「お金」というものを「恋愛」に置き換えて考えると、お金の真理がとてもわかりやすく理解できます。


ちょっと、ここでみなさんの学生時代を思い出してみてください。

クラスにいた一番イケメンの男の子。名前はサトシくん。話しかけたいのに話しかけられない。大好きなんだけど、近寄れない。だって、話しかけたらヘンな人だと思われないか、嫌われないか、なんて余計なことを考えちゃいますから。

告白？？？？　そんなのもってのほか！

って考えただけでも心臓がドキドキ……。

だから、いつもサトシくんじゃなくて、クラスで5番目に顔が良くて（失礼！）気さくに話ができるヨシオくんとばっかり一緒にいる。ほんとうはサトシくんに近づきたいのに！　サトシくんと一緒にいたいのに!!

こんな体験はありませんか？　もしくは、ドラマや映画でこんな場面を目にしたことはありませんか？

あなたはなぜ、「サトシくん」に声をかけられないのでしょうか？

それは、「ヘンに思われたくない」とか「うまく話せなかったら嫌だ」とか「嫌われたらイヤだ」などといった「恐怖心」があるからです。

でも、そうやって「恐怖心」にとらわれてばかりいたら、いつまでたっても「サトシくん」とは仲良くなれませんよね。

この構図が「お金」によく似ているのです。

多くの人が「お金」に対し、「サトシくん」みたいに接しています。

大好きなんだけど、「大好き」って言えない。

お金が欲しいんだけど、「欲しい」って言えない。

お金に来てほしいんだけど、「いらない」と言ってしまう。

お金を受け取っていいのに、受け取れない。

お金を請求していいのに、請求できない。
有料でいいのに、タダにしてしまう。
ほんとうは1万円欲しいのに、「ダメよ!」と駅のホームで鬼瓦プロレス(笑)。
そこには、お金に対する「恐怖心」があります。
これが、「恋愛」と「お金」がよく似ているということです。
「サトシくん」に対しても、話しかけなかったらずっと憧れの人のままですし、
「お金」についても、目を背《そむ》けつづければズルズルと同じ経済状況のままです。
どこかで「エイッ!」と覚悟を決めて、お金の恐れと向き合う必要があるのです。

あなたは「お金」と仲良くなりたいですか?
目を背けることなく、その事実をしばし心の中で考えてみましょう。
あなたは「お金」と仲良くなりたいですか?
あなたは豊かになりたいですか?
あなたは幸せなお金持ちになりたいですか?
YES!!

そう感じたら、次はどのようにしてお金と仲良くなるかです。

では、どうすれば「お金」と仲良くなれるのでしょうか？

「お金」と仲良くなるプロセスを、「サトシくん」で考えてみましょう。

「サトシくん」と仲良くなるためには、照れたり、恥ずかしがったりするのではなく、まずは実際に近づいてみることですよね。

目を合わせたり、話しかけたり、好意を表現したり……。

つまりは「サトシくん」に対する素直な気持ちのまま行動すればいいのです。

「サトシくん」も、自分を好きになってくれる人を遠ざけるようなことはしません。

ノートを貸し借りしたり、放課後一緒に帰ったりする中で、だんだんと仲良くなっていきます。

お金も一緒です。

つまり、お金と仲良くなる方法の第一ステップは、素直に

「お金が大好き！」

と思うこと。
照れたり恥ずかしがったりするのではなく、お金に近づいてみる。
お金と一緒にいる。
お金が好きだと素直に表現する。
そうすることで、お金に対する「恐怖心」がしだいに薄れていくのです。
では、次に具体的なお金のワークを紹介しましょう。

⑥お金と恋人になるワーク

(1) お金を大量に〝引き出す〟

銀行に預けているお金をたくさん引き出してください。
100万円あればベストですが、そんなにたくさん持っていないという人はできる限りで結構です。とにかく、「こんなにたくさん下ろしたことがない」という金額を口座から引き出してください。

(2) 大量のお金を〝触る〟

家に帰り、銀行で下ろしてきた「お金」をカバンから取り出します。

遠距離通勤の人は、家に帰るだけで、ひと苦労かもしれません。玄関のドアを開けたとたんその場にへたりこんで、「ふーぅ」と大きくため息をつくかもしれません。それでもかまいません。その瞬間訪れる安心感を味わいましょう。

少し落ち着いたら、まずは札束の色、形、大きさをしっかりと感じるようにします。そのとき「今までこんなにまじまじとお金のことを見たことがない」という感覚がやってくるかもしれません。人は「お金」に対して恐れの気持ちを持っていますから、無意識のうちに目を背けている。だから、そう感じるんですね。

僕のブログに大量の札束の写真を載せたことがあるのですが、「眼がつぶれる！」というコメントがありました。たしかに、お金を見ただけで、肉体的に拒否反応が出る感覚は理解できます。それが「お金のブロック」というものです。

「お金のブロック」を外すためにも、今までこんなに見たことがない！というくらい目の前の「お金」をしっかり目に焼きつけてください。10分くらい見つめるといいでしょう。

(3) 大量のお金を〝嗅ぐ〟

次に、お金の「匂い」を嗅《か》いでください。

嗅覚《きゅうかく》は五感の中でも脳にダイレクトに影響を及ぼす感覚です。脳を刺激するためにも、思う存分、鼻からお金の匂いを吸いこんでください。思いのほか、いい匂いがすると思います。

そして、お金のエネルギーが鼻から入って脳にいきわたるまでをイメージしてください。このとき「お金は汚いモノだ」という思いこみがある人は、ちょっと嫌な気持ちになるかもしれません。そのネガティブな観念が消えるまで、お金の匂いを嗅いでください。

(4) 大量のお金に〝告白をする〟

さあ、いよいよ、あなたがお金と恋人関係になるお膳立《ぜんだ》てが整いました。

準備はOKですか？

お金を胸元でハグをしたまま、

「お金、大好き！」

と口に出して言ってみましょう。お金への愛の告白です。

そして、

「ずっと一緒にいようね」

そう告げてみましょう。お金は必ず、あなたの愛の告白を受け入れ、あなたに愛を返してくれます。あなたもお金からの「愛」を、しっかりと感じてください。

お金は人を幸せにし、心地よい気分にさせる現代における一番の発明品なのです。

そんなお金からの愛を全身に感じ、あなたからもお金に愛を送るようにしてください。

(5) 大量のお金を〝ブッてみる〟

こうして、あなたはお金とつきあいはじめることができました。

恋人歴30秒ほどのおつきあいで誠に恐縮ではございますが、次のステップではお金を「フリ」にかかります(笑)。

これはお金との関係を深めるために、あえてやること。恋愛においても、ケンカしたり物理的な距離が離れたりすると、以前よりも親密さが増すことがあるでしょう。

具体的には、**大量のお金をポーンと投げ捨てます。**そうしても問題がない場所でやってみます。

たとえば、布団やベッドに向けて、あえて雑に放り投げます。

そのとき、あなたはどんな感じがするでしょうか？

悲しい感じがするでしょうか？

罰当たりな感じがするでしょうか？

なぜ、わざわざこんなことをするかというと、人がお金に「必要以上のパワー」を付加させていることを自覚するためです。

実はほとんどの人の場合、お金との関係が対等なものではなく、「何でも叶えてくれる白馬の王子様」のようになっています。

そういう目でお金を見ていると、お金に「依存」することになり、お金がないと何にもできなくなってしまいます。そして、「何でも叶えてくれる白馬の王子様」がいつの間にか、「毎日私のことを困らせるダメ夫」に変わってしまい、あなたの心の中が「お金がない」「お金がない」という不足感に乗っ取られてしまうのです。

多くの人がお金とのパワーゲームに巻きこまれ、「お金が上、私が下」という構図にハマりこんでいます。そして、自分のパワーを必要以上にお金に明け渡しています。

しかし、お金との関係はあくまで対等のもの。**あなたの人生において、決して、お金に主導権を握らせてはいけません。あなたが人生の主導権を握らなくてはいけないのです。**

お金とのパワーゲームを終わらせるための儀式として、

「お金をフッてみる」

ということを試してみてください。

大量のお金をポーンと投げ捨ててみてください。

「お金を大事に扱いなさい」と言われていた人は、罪悪感が湧いてくるかもしれません。

「そんなことできない！」って思う人もいるでしょう。

でも、よく考えてください。

お金はただの紙です。日本銀行が発行した原価22円〜24円のただの紙きれなのです。

お金に必要以上のパワーを付加してしまうと、相対的にあなたのパワーが減ってしまいます。その結果、多くの人が「お金に負けて」しまうのです。

自分のパワーを取り戻すためにも、クドいようですが、お金を一度「フッて」みてください。

（6）大量のお金と〝ヨリを戻す〟

いま、あなたはお金をフッて、お金と別れることができました。

あなたはお金からパワーを取り戻し、より魅力的なあなたになりました。


次にあなたはどうするか？

お金とヨリを戻す。そう、ふたたび恋人どうしになるのです！


魅力的な人には、お金がたくさん呼び込まれます。パワーを持ったあなたには、たくさんのお金が呼び込まれます。

ですので、もう一度、お金の束をハグして、

「ひどいことしてごめんね」

「いつもありがとう」

って言ってみてください。

あなたとお金の関係がより深まります。

そして、

「ずっと、ずっと一緒にいようね」

って言ってみてください。

そうすると、あなたの「愛」とお金の「愛」とが溶け合って、あなたとお金がひとつになります。

これであなたはほんとうの意味で、お金と恋人になりました。

お金大好き
10000

*

以上で「お金と恋人になるワーク」は終了です。

バカバカしいと思われるかもしれませんが、これが面白いほどに効くのです。だまされたと思ってやってみてください。

ちなみに僕は折に触れてこのワークをやっています。「お金大好き!」って言うようにしているのです。その結果、たくさんのお金が呼び込まれました。

お金には命が宿っています。嫌いな人より好きな人に寄ってくるのは、お金も人間と同じ。ただ、人間はお金に対して「好きなのに嫌い」と思ってしまいます。そのお金に対する「恐れ」を溶かすのが、この「お金と恋人になるワーク」なのです。

⑦お金を〝ガッツリ〟受け取る

さあ、お金と恋人になったあなたは、いよいよ最終コーナーに突入です。

ここをクリアできると、あなたは「幸せなお金持ち」の仲間入りとなります。

ワクワクすることはある！　表現もしてる！　仲間もいる！　お金大好き！
でも……全然お金にならないんです！
という人がいます。
そういう人は「お金が受け取れない人」です。

先ほどもお伝えしましたが、ほとんどの人は、お金に対して「欲しいけど、欲しくない」「好きだけど、嫌い」という相反する感情を抱いています。これは「お金が受け取れない人」の典型的な考え方。つまり、ほとんどの人は「お金が受け取れない人」になってしまうというわけです。

しかし、あなたは「お金と恋人になるワーク」ですでにお金と恋人になっていますから、「欲しいけど、欲しくない」「好きだけど、嫌い」という感情からは抜け出していいます。つまり、他の人よりもお金を受け取りやすくなっているのです。
それでも、この感情は、親のしつけ、学校教育、社会通念などにより長年にわたって形作られてきたものなので、とても強固です。晴れてお金と恋人になった後でも、折に触れて顔を出そうとします。

そんな感情が顔をのぞかせないようにするためのワークを、ご紹介しましょう。

ワークの紹介の前に、僕の体験談をお話しさせてください。

僕のクライアントさんで、ハワイ式マッサージのロミロミをすることにワクワクする女性がいました。彼女はハワイでロミロミを習い、帰国してすでに100人くらいに施術をしたといいます。

てっきり、有料の施術と思っていたのですが、彼女はお客さんからお金をもらっていませんでした。すべて無料でサービスを行なっていたのです。

「どうして無料なの？」と聞いたら、「なんか、お金もらうのが悪いなあって思うんです……」と返ってきました。典型的な「お金が受け取れない人」です。

彼女に、

「お金は欲しくないの？」

と聞いたら、

「お金欲しいです！　お金大好きです！　ハワイで勉強したらお金がすごくかかったので、そのぶんを回収したいです！」

と話してくれました。

「だったら、お金をもらったらいいね」

と言うと、

「いや、でも、お金をもらうのが悪い気がして……」

と最初に逆戻り。

僕はこんなとき、

「あなたはお金以上に欲しいものがあるんだ。だからお金が入ってこないんだよ」

という話をします。

「お金以上に欲しいもの」って？

それは何でしょうか？

もし、この人がお金をもらうようになったら、お客さんから、

「え！　今まで無料だったのに有料にするの？」

「タダだから受けていたのに！」

「ああ、やっぱり結局はお金なのね！」

などと批判される可能性があります。

つまり、この人がお金以上に欲しかったものとは、

人に批判されない私

だったのです。

もっと言えば、

人にガメついと思われない私
無料で人々に奉仕するココロキレイな私

だったのです。

「そんな私」が欲しかったのです。

他にも、

動きたくない私
失敗したくない私
カッコ悪くない私

が欲しかったのかもしれません。
「親に反対されるからお仕事ができない」という人もいます。
こういう人はお金の代わりに、

家族から怒られない私

が欲しいのかもしれません。
ブログやSNSで愛を表現できない人は、

目立たない私
調子に乗ってると思われない私
ヘンな目で見られない私
社会的にキチンとした私
成功していないふつうの私

が欲しいのかもしれません。

こうしてみると、実は誰でも「自分が欲しいもの」をちゃんと手に入れていることになります。

つまり、思考が完璧なまでに現実化しているのです。


でも、それがお金の流れをせき止めているということには気がついていません。

ビジュアルで解説すると、次ページのイラストのようなイメージです。

あなたは、お金が欲しいけど、お金が流れてこない。その理由は、あなたが「お金以上に欲しいもの」があるからです。「お金以外に欲しいもの」を手放さないと、

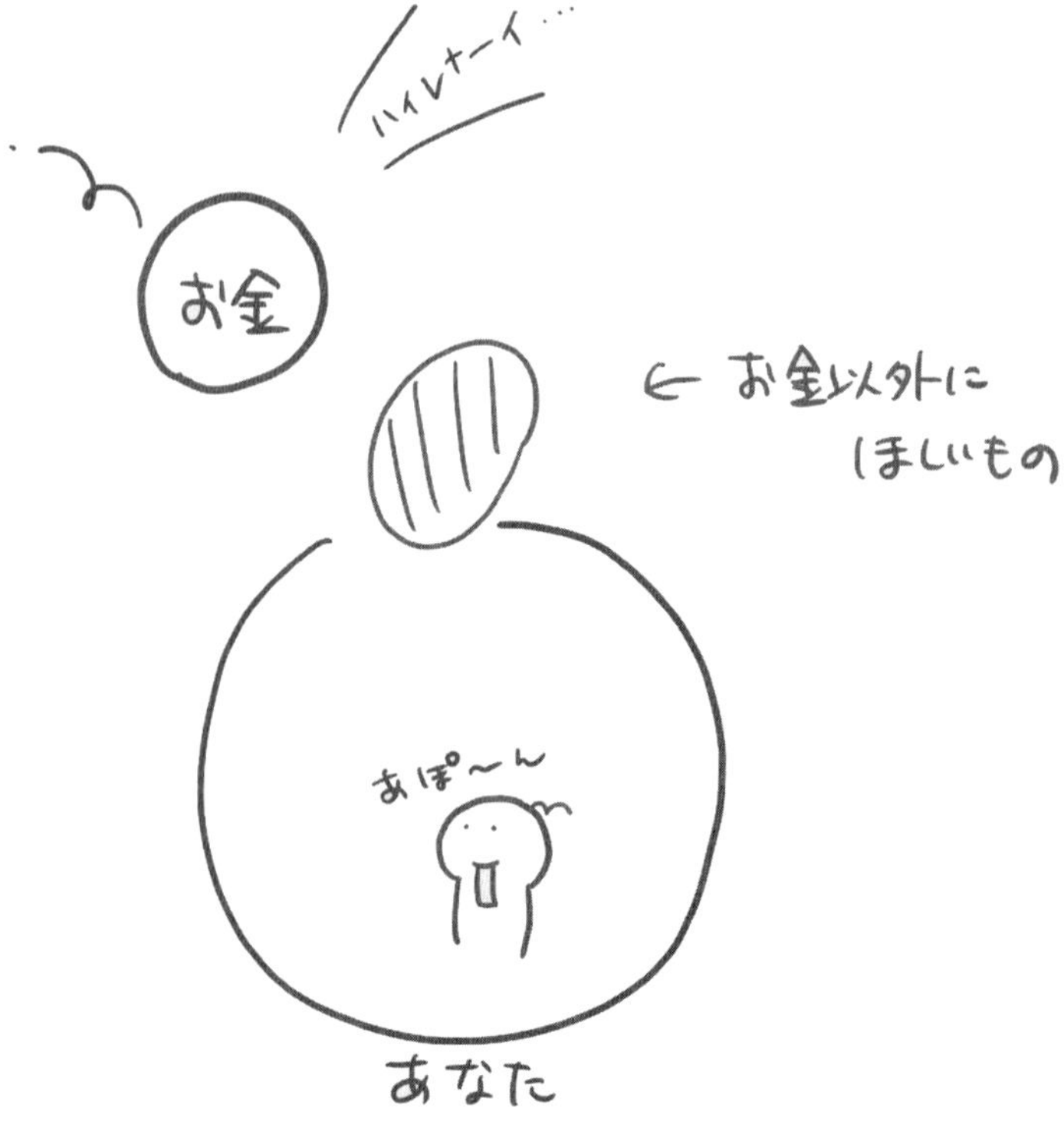
ハイレナーイ…
お金
← お金以外に
ほしいもの
あぽ〜ん
あなた

お金は入ってきません。

では、この「お金以外に欲しいもの」を手放すにはどうしたらいいでしょうか？

簡単です。

「お金以外に欲しいもの」よりも「お金の〝ほうが〟欲しい」と思えばいいのです。

逆に言うと、「お金」よりも「お金以外に欲しいもの」を求めてしまうのは、やっぱりお金に対するイメージが「悪い」からです。

「お金以外に欲しいもの」よりも「お金の〝ほうが〟欲しい」と思うには、お金を得るのはガメついこと、えげつないこと、ダメなこと、汚いことというお金に対するマイナスイメージを、心の中から一掃しなくてはいけません。

事実、お金はとっても素晴らしいものです。あなたの人生に喜びを与えてくれ、夢を叶えてくれる神さまのような存在です。

もちろん、お金を使って悪いことをする人はいます。お金を稼ぐために悪いことをする人がいます。お金に目がくらんで不幸になる人もいます。でも、それは、その人の心が良くない方向に向かっただけであって、お金が悪いわけではないですよね？

お金との関わり方のベースに「愛」があれば、お金は私たちの人生を応援してくれる天使にもなり、神さまにもなり、龍にもなるのです。

もう一度、第2章を思い返してみましょう。

「幸せなお金持ち」のイメージはどんなものでしたか？　そう、福の神や女神さまでした。お金とは、そんな高周波数でエネルギーの大きな存在なのです。

あなたの心の中のお金のイメージが、

・ポジティブで
・キラキラして
・あったかくて
・光り輝いている

のであれば、あなたのお金に対する優先順位は上がります。「批判されない私」よりも「お金」が優先されるのです。

そうすると、先ほどのロミロミの彼女の場合ですと、「仮に批判されてもいいから、きちんとお金をいただこう！」という勇気が湧いてくるのです。

そして実際は、お金をいただいたからといって、批判されることはまずありません。それまで、お客さんにロミロミを通して愛を注いでいたのであれば、きちんと説明をすると、嫌な思いをする人はいないでしょう。もし、「ええっ～⁉ 無料だったから来てたのにぃ～！」って言う人がいたら、他のロミロミに行ってもらう。その人は「彼女」ではなく「お金（無料）」が理由で、彼女のところに来ていたのですから。

あなたのお金に対するイメージはどんなものですか？

もし、あなたが「福の神」や「女神さま」だったら、あなたにはどんどんお金が入ってきます。

ただ、頭でわかっているだけでは、意味がありません。「本音の部分」でお金に対するイメージが書き換わっているかをチェックしてみましょう。

その方法は、両親やパートナーといった身近な人に

「お金ちょうだい」

って実際に口に出して言ってみることです。

そのときに、心の中にザワザワ感が生じたとしたら、それがあなたの「本音」です。

罪悪感のようなものはありますか？

居心地が悪くなったり、モゾモゾしたりしますか？

人によっては汗が出てくる人もいるかもしれません。

汗が出てくるとしたら、それがあなたがお金に対して持っている「本音のイメージ」なのです。

身近な人に「お金ちょうだい」と言って心がザワザワしたら、168ページのイラストを思い出してください。

そして、あなたの中にあるお金のネガティブイメージをキラキライメージに書き換えてください。

もし、身近な人に言って心理的抵抗がなくなったら、今度は友人や知人に、

「お金ちょうだい」

って言ってみましょう。

どうでしょう?

ザワザワしますか?

たとえば、

「私はあなたにロミロミをしてあげるから、代わりにお金ちょうだい」

と言えるでしょうか?

もし、そうしてみてザワザワしないようだったら、あなたにお金が流れこんでいくスピードが加速します。

なぜなら、

「私が◯◯を与えます。その代わりにお金をください」というのが、いわゆる商売やビジネスの基本だからです。

いくら資格を取ったり養成講座に通ったりしても、いくら起業の仕方やマーケティングを学んだとしても、「内なるお金のイメージ」がネガティブなものだと、ま

お金のイメージ

BIG LOVE!

ったくお金が入ってこないのです。

「お金ちょうだい」って言ってみましょう。

そして、自分の「本音」を知りましょう。

ザワザワしてきたら、お金は「福の神」「女神さま」というイメージに書き換えましょう。

そして、ガッツリお金を受け取りましょう。

それが可能になれば、あなたは「幸せなお金持ち」まっしぐらです。

⑧そして、お金をふたたびワクワクすることに使う

あなたはワクワクすることでお金を手に入れました。そのお金をワクワクしないことに使わないよう気をつけましょう。

「ワクワクしないこと」とは、借金やローンを返す、いざというときに備えて保険に入る、つきあいたくない人たちとの飲み会に行く……といったことです。

もちろん、「借金を返すとワクワクしてくる」というのならいいのですが、そう

でないのであれば、借金を返すのは、「お金の無限∞循環」ができあがってからでもいいのではないでしょうか？

ワクワクすることで入ってきたお金も、再度ワクワクすることに使いましょう。たとえば、あなたが選んだテーマについてのセミナーや個人セッション、講座や勉強会などに使うのもいいでしょう。なかでも本に使うのは、とてもいいことです。

本は費用対効果が一番高い投資、とはよく聞くことですが、僕は作家になってから心底そう思うようになりました。**作家が何年もお金と時間をかけて体得した情報を、1500円程度で手に入れられるのです。**僕の著書『夢をかなえる龍』も、僕が何年もかけて得た知見を、何か月もかけて文章に表しました。もちろんこの『お金を呼び込む龍』もです。そんな情報がたったの1500円程度で手に入るなんて、ほんとうにこんなにお得なことはありません。

本に相当な価値を見出している僕は、ネットで本を購入するとき価格は見ません。ピンときたら、無限にクリックしていいことにしています。今回はテーマが違うので、ほとんど話題にしていませんが、海外の魔法の本や、スピリチュアルの本、エネルギーの本などが「無限クリック」の対象です。スピリチュアルが大好きな僕にとって、こんな喜びはないのです！

また、国内外のマスターの個人セッションもたくさん受けることにしています。著名人の個人セッションは高額です。100万円以上お支払いしたことも1度や2度ではありません。でも僕は、ワクワクしたら値段を見ないで行く！と決めています。

なぜなら、先にも言いました通り、その人が時間とお金をかけて編み出した智慧《ちえ》を、たった1~2時間で得られるわけで、こんなお得なことはないからです！ 100万円なんて安い買い物です。すべてを一人で学ぶには、人生は短すぎる。でも、誰かが学んだことを短時間でインストールできるのであれば、人はたくさんのことを身につけることができます。

また、先を走る人たちの目には、僕には見えてない光景が見えています。その光景を見せてくれるだけで、受け手のエネルギーは大きくなります。お金はエネルギーが高くて大きい人に流れていきます。個人セッションを受けることで、その人のエネルギーが僕に転写されるのです。エネルギーは「感染」します。

ですから、もしあなたが「この人に会ってみたい！」って思う人がいたら、ぜひ会いに行くべきです。それ以上にエネルギーを大きくする術《すべ》を僕は知りません。

このように、あなたがワクワクすることに再投資すると、そのお金は2倍、いや10倍以上になって返ってくるのです。これが「お金の無限∞循環」です。

ぜひ、「この無限∞循環」を構築してください。

難しいことはありません。

ワクワクする気持ちと、ちょっとの勇気！

ほんとうにそれだけなんです！

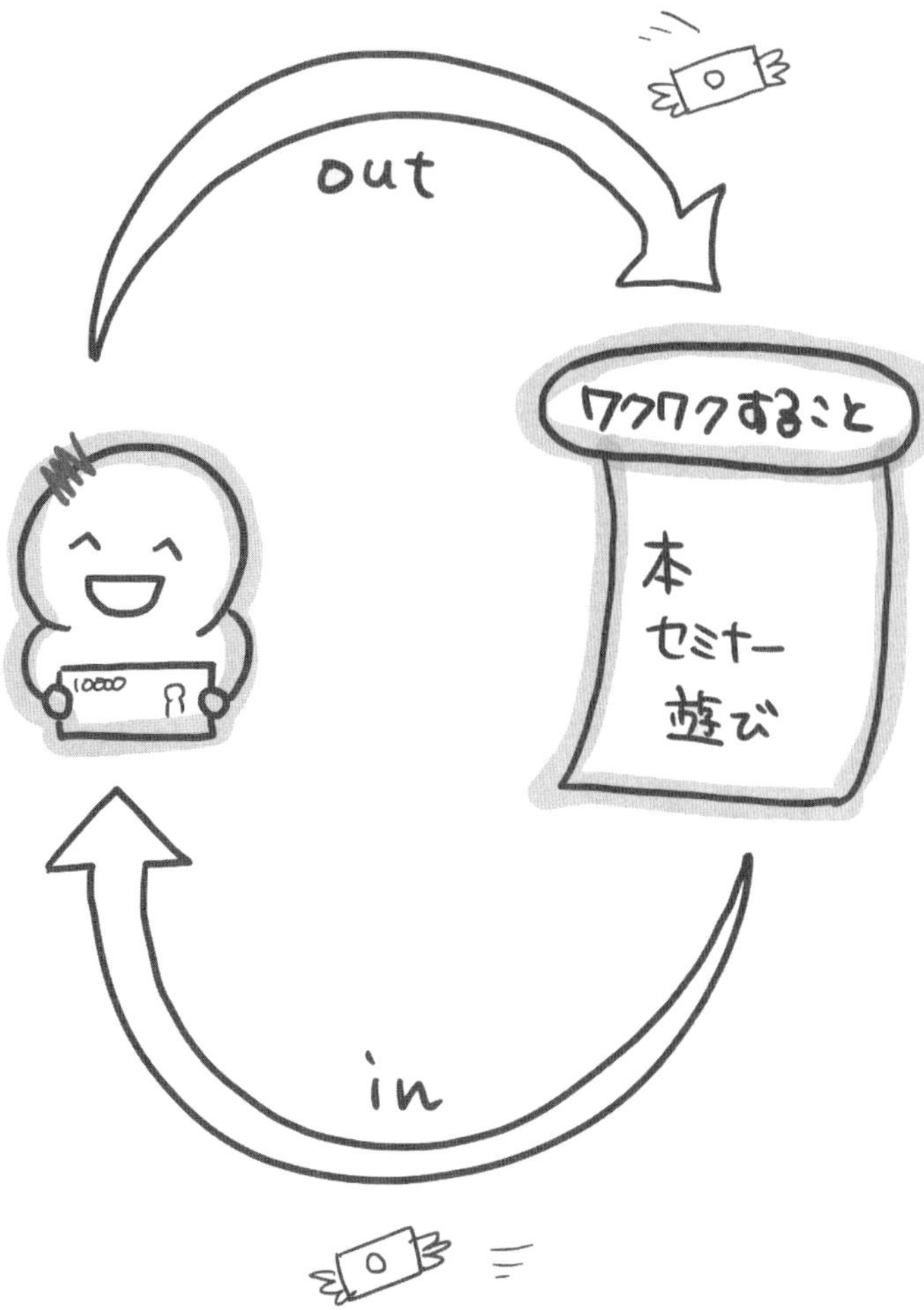
out
ワクワクすること
本
セミナー
遊び
10000
in

第4章

自分のペースで大丈夫！「ドラゴン・ポイント」の秘密

❊ドラゴン・ポイントはいつ訪れるか

第3章でご紹介した『『お金の無限∞循環』を創り出す8つのステップ』をやっていただければ、「お金の無限∞循環」が起こります。

そう言うと、「それはいつ起こるの？」「今すぐにもお金が欲しい。早く起きてくれないと困る！」と、結果をすぐに求める人が出てきます。

でも、残念なことに、すぐにお金が入りつづけるようなことはないでしょう。現実は急激に変化するのではなく、「龍のように」変わるからです。

左のイラストを見てください。これは横軸に時間、縦軸に結果を表したグラフです。行動した結果というのは、このようなかたちで起こるのです。まさに龍のような上昇の仕方ですよね。

僕も実際、ブログを始めてからしばらくの間は、読者がどんどん増えつづけるというわけではありませんでした。でも、あるときを境にぐっと知名度が上がり、イ

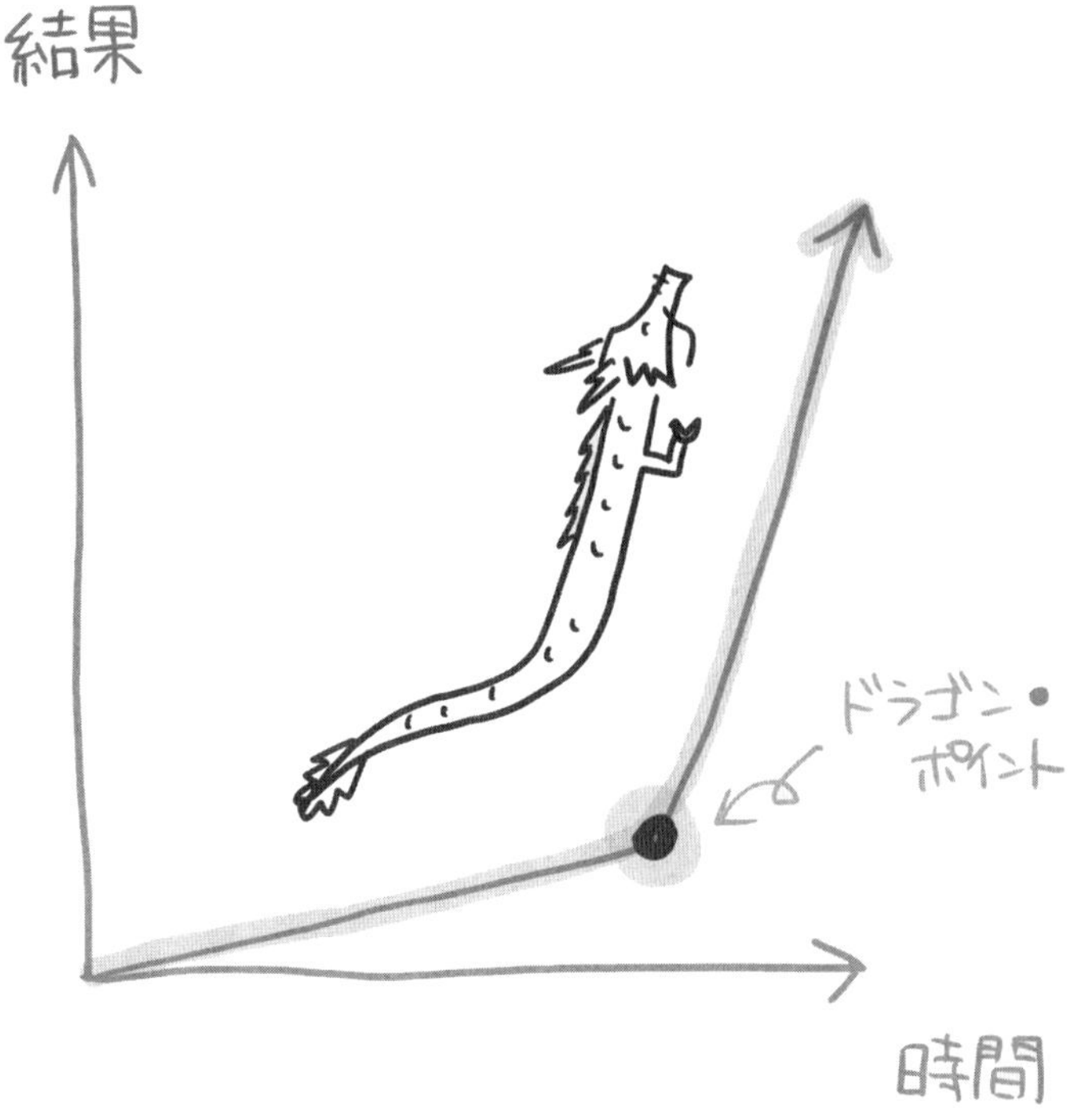
結果
ドラゴン・
ポイント
時間

ベントにたくさん人が来てくれるようになりました。その結果、ブログの読者も増え、収入につながっていったのです。

この、ぐっと知名度が上がった、すなわち次元が上昇する（アセンション）「あるとき」のことを、僕は「**ドラゴン・ポイント**」と呼んでいます。

ドラゴン・ポイントを迎えて次元が上昇すると、あなたはもう以前の世界には戻れません。

ドラゴン・ポイントは、ある日突然訪れます。それを境に、いつも目にしている景色が変わって見えてきます。今までがんばらないとできなかったことが、簡単にできてしまいます。素晴らしい友人に恵まれたり、お金もジャブジャブ入ってきます。まさに、「新世界」に来たような感覚になります。

このドラゴン・ポイントの訪れが、まさに「龍の背中に乗った」状態なのです。

龍の背中に乗るのは難しくありません。ドラゴン・ポイントが来るまで、行動しつづければいいのです。

ただ、大多数の人がドラゴン・ポイントのことを知らないため、8つのステップを終えても現実が変わらない状態がつづくと、「やっぱりダメだった」とあきらめてしまうのです。

8つのステップを終えてからの期間を、自信を持って前向きに行動することができるか。それが、ドラゴン・ポイントを迎えられるかどうかのキーとなります。

具体的には、

「いまは結果が出ていないけど、絶対に私にはドラゴン・ポイントが来る！」って自分を信じることです。そういう強い気持ちがあれば、途中で投げ出さず継続することができます。

では、どのくらい継続したらいいのか？　そう聞かれたら、僕は「半年間〜1年くらい」と答えます。

「一生がんばりましょう！」と言っているわけではありません。人生80年のうち、6か月くらいは人生を変えるための行動をしてみませんか？という話です。しかも、イヤなことではなく「ワクワク」することをやりましょうということです。楽しそうじゃないですか？

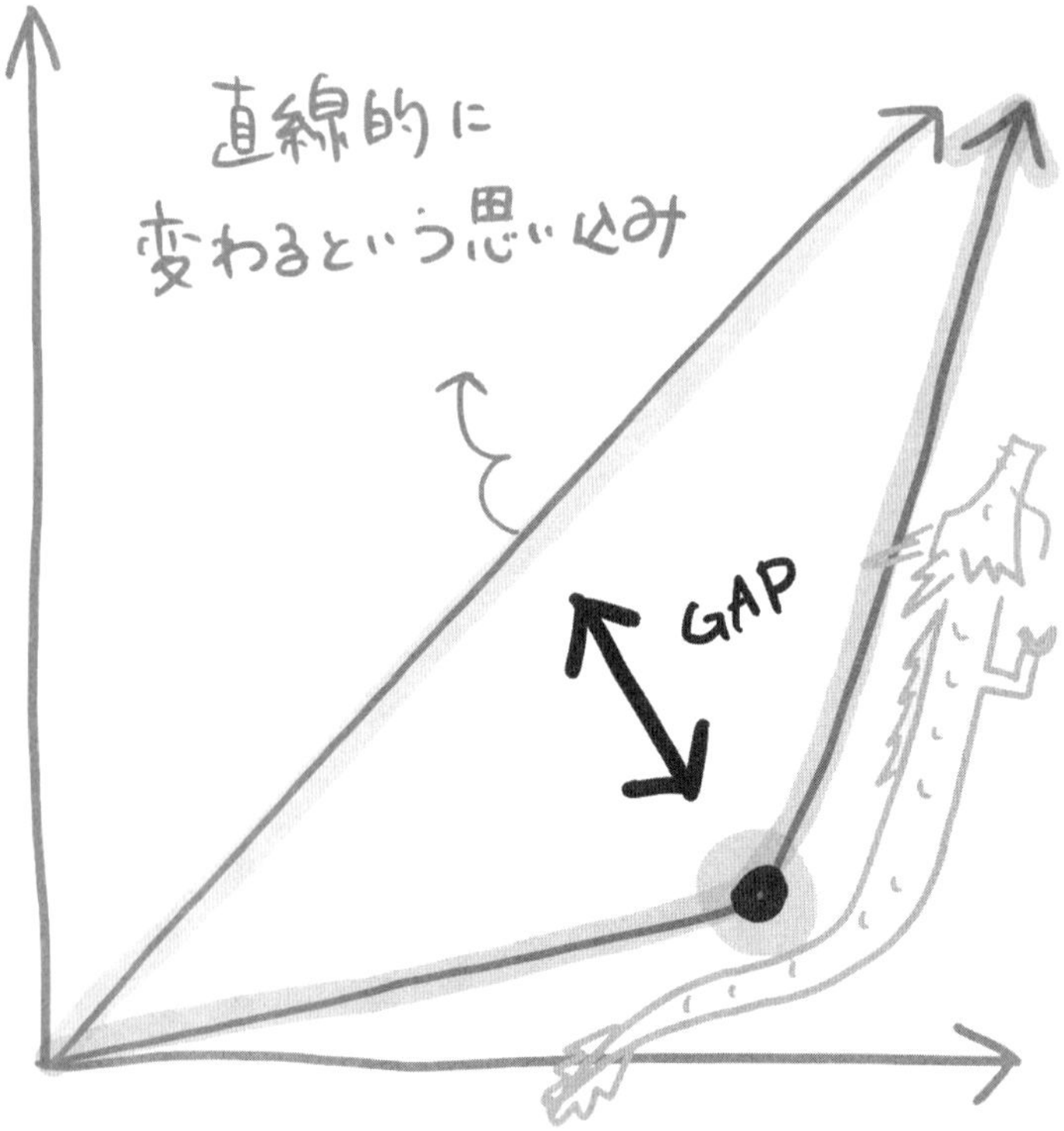
直線的に
変わるという思い込み
GAP

逆に言えば、のんびりゆったり自分のペースでやってもいいということです。食べたいときに食べ、寝たいときに寝て、体を休めながら、焦らず前に進んでいく。そうするうちに、いつかドラゴン・ポイントが現れて、次元上昇します。

肝心なのは「あきらめないこと」。途中で投げ出してしまうとドラゴン・ポイントは現れません。じっくりのんびり、あなたのペースでお金持ちへの道を進みましょう。

❋ときにはコーチの力を借りよう

そして、これからは「知識」にお金をかけるより、「自分の行動をサポートしてくれる人」にお金を払うといいでしょう。

たくさん知識があるのに、現実が変わらない人の場合、学びが足りないのではなく、実践が足りないのです。そのことを「**知識メタボ**」といいます。

あなたをこの「知識メタボ」から脱却させてくれるのが、「コーチ」という職業です。

たとえば、ダイエットの情報はテレビや雑誌で次々に新しいものが取り上げられていますよね。これはダイエットの知識があっても、実践するのが難しいからです。人はなかなか知識だけでは行動できないのです。

ですが、ここ数年で「ライザップ」に代表される「ダイエットコーチングサービス」が増えてきました。これは、ダイエットの知識を伝えるのではなく、行動や結

心理学
セミナー
宇宙の法則
引き寄せの法則
●●メソッド
本
自己啓発
スピリチュアル
知識メタボちゃん

果を出すことに注力したサービスです。僕の周りにも、ダイエットコーチングサービスを利用して減量に成功した人がたくさんいます。

また、英語の世界にもコーチングサービスは普及しつつあります。僕も1年間英語コーチングを利用しました。従来のようにネイティヴの先生から英語のレッスンを受けるというかたちではなく、日本人の「英語コーチ」が僕の自学自習をチェックしたり、学習の進捗度合いを確認するほうに重きが置かれていました。

当初はネイティヴの人と英語で会話を始めると、相手が何を言っているかわからず、汗が止まりませんでした。それが、コーチングサービスを利用するうちに、1年後は海外のイベントで現地の人と英語でやり取りをしたり、ふつうに海外でコミュニケーションに支障をきたさないくらいに上達したのです。そして何より、英語学習の「クセ」がついたことが収穫です。1年間で140万円かかりましたが、海外進出にはとても役にたちました。その意味で安い投資だったと思います。

人はなかなか行動できないものです。それはあなただけではなく、みんなそうなのです。ですから、焦らずじっくり歩いていきましょう。そして、もし、一人で歩くのが難しいならば、伴走してくれる仲間や専門家の力を借りてみるのも手なのです。

❈副業のススメ

また、副業についても触れておきましょう。本書の読者は、かつて僕がそうであったように、サラリーマンやＯＬさんである可能性が高いからです。僕はそういう方たちにこそ、ぜひ自由に活躍して欲しいと思っています。

けれども個人的には、多くの才能が「会社というシステム」に埋もれているように感じてなりません。**僕もサラリーマンだったのでよくわかるのですが、会社というシステムは、個人の力を抑えこみます。**一人ではできないような大きな仕事はできますが、自分の才能をフルに活かすことは、会社という組織の中ではなかなかできないと思います。

現に僕は、上司に説教されまくりのダメサラリーマンでしたが、独立したらサラリーマン時代の収入の何倍にもなりました。また、僕のクライアントさんには、会社勤めの傍《かたわ》ら副業に励み、会社の収入を優に超えてしまった人も多くいます。

このように、組織から飛び出したほうが才能を発揮しやすい人が会社の中にたくさん埋もれてしまっているのです。

正直に言えば、これからの時代、会社の収入一本というのはかなり厳しいと感じています。幸いなことに、いまは個人がお金を生み出しやすい環境になってきています。ですから、いきなり会社を辞めるのが難しいのであれば、副業から準備をすることが可能なのです。

ただ、最近では副業解禁にしている会社も増えていますが、まだまだ副業禁止の会社は多いでしょう。

実は……、僕はサラリーマン時代、副業禁止の会社で副業をしていました。はじめてこの場所で告白するのですが、僕は就業規則違反をしていたのです！

その会社は、副業なんてもってのほかだ！　そんな時間があったら働け！　バレたらクビだからな！　みたいな空気がありました。まあ、当たり前ですが……。

ただ、ちゃんと就業規則を読んでみると、「業務に支障がある副業を禁止する」と書いてありました。つまり、休みの日や帰宅後に、その会社の仕事にまったく関係ない仕事であれば、副業は可能だったのです。後でお話ししますが、僕の副業も、それに当たっていました。びっくりさせてごめんなさい。実は僕は就業規則違反をしていなかったのです……。

ただ、会社の空気としては副業をしづらいものがありました。バレたら胸を張って、「就業規則は守っています」と言おうと思っていましたが。そこは空気に負けなかったですね。

ですので、あなたが副業を考えているなら、会社の「就業規則」は一度きちんと確認されることをオススメします。

もし、あなたが副業禁止の会社で働いていて、将来的に独立する気持ちがあるなら、会社に所属している期間のみ〝無料サービス〟を行なってもいいかもしれません。将来独立したときに、その経験が大きく活きてきます。無料であれば副業には当たりません。そして、その無料サービスが、あなたをワクワクさせるものであれば、休みの日にぐうたらテレビを見ているより、よっぽどあなたの魂は喜ぶことでしょう！　会社勤めをしていて副業ができない人は、「**魂の成長のための〝無料副業**」をすることをオススメします。

僕が最初に始めた副業は「カードセッション」でした。オラクルカードやチャネリングカードを使ったパーソナルカウンセリングです。「何をしたらいいかわからない！」という人はカードセッションから始めるといいと思います。会社の仕事に支障をきたすことも、まずありません。

僕はオリジナルのチャネリングカードを作成しています。「ドラゴン・クリスタル・チャネリング・カード」という、龍とクリスタルのコラボレーションが美しい、古代の叡智と龍につながるためのカードです。ぜひ、全国の本屋さんやネットショップでご覧になってください（2021年3月発売予定）。

副業に話を戻すと、カードセッションで初めてお金をもらったときのうれしさは忘れられません。自分の好きなことが収入につながったからです。

いただいたのは3000円。でも、魂が震えました。サラリーマン時代にイヤイヤ仕事をしてもらっていた月収30万円より、「カードセッション」で初めてもらった3000円のほうが何百倍もうれしかったです！　同じお金でも、〝サラリー（給料）〟と〝ワクワクマネー〟はまったく別物なのです。

3000円なんて安いなあ、とバカにしないでください。僕の場合、その3000円が3年後には1億円になったのです。

最初のころはなかなか結果が出ませんが、必ずあなたの人生がガラッと変わる出来事が起こります。それが「ドラゴン・ポイント」です。

そして、勤め人であるということは、安定した収入があるということ。それはじっくりゆっくり行動していけるということでもあります。ドラゴン・ポイントを迎えるまでにお金が途切れるということはまずありません。セーフティーネットがある状態で冒険できるという、なんとも理想的な環境なのです。もしあなたが勤め人なら、その環境を存分に利用して、あなたの人生を飛躍させる準備をしましょう。

最後に重要なことをひとつ。

副業においても大事なのは、「ドラゴン・ポイント」が来るまでワクワクの火を消さずに、表現しつづけること。そうすれば、必ず「ドラゴン・ポイント」はあなたに訪れます！

第5章

ほんとうのスピリチュアル・マスターとは？

❈自力と他力をバランスよく使う

サラリーマンをやっていたときの僕は、すべてのことを自分の力でなんとかしようとする、「自力」人間でした。

でも、そのことで僕は心の病を患ってしまいました。いわば強制的に「自力」が奪われてしまったのです。

にっちもさっちもいかなくなった僕は、初めて真剣に神頼みをしました。

「神さま助けてください」

そう強く強く願いました。

すると、徐々に人生が好転しはじめ、やがて龍と出会い、「自力」だけで生きていただけの人生よりはるかに自由で豊かなものとなったのです。

神さまや龍のチカラを「他力」と呼びます。「自力」だけで生きている人たちには、この「他力」が必要です。

いま、時代が大きく変わろうとしています。大きく変わると書いて「大変」と読みますが、これから先、人間の予想をはるかに超えた「大変」が起ころうとしています。

そんなときこそ、人間の力（自力）だけでなく、神さまの力（他力）を使って、この荒波を乗り越えることが必要なのです。

一方で、「他力」だけを使っている人もいます。神さまや龍にすがるだけで、自分の頭で考えず、行動しない人たちです。

そういう人は、自分の力を忘れてしまっています。そして、悪い意味でスピリチュアルにハマっています。

もちろん、スピリチュアルは素晴らしいものです。自分を活かしてくれ、最高の未来に導いてもくれます。ただ、使い道を誤ると、ただの「盲信」になってしまいます。「教祖さまや神さまに力があり、私には力がない」と考えるのが「盲信」で、

「神さまのチカラを借りながら、私の力を思い出してよりよく生きる」というのが正しいスピリチュアルへの態度です。その考えに基づき、「他力」しか使わず、自分の力を忘れてしまった人たちは「自力」を使わなくてはいけません。

「自力」は「物質世界のエネルギー」、「他力」は「精神世界のエネルギー」です。

ただ、「物質エネルギー」も「精神エネルギー」も、どちらもこの宇宙の中に存在するエネルギーです。

この世界はすべて神さまが創ったと考えれば、実は「物質」も「精神」もどちらも「スピリチュアル」な要素なのです。

つまり、ほんとうにこの世界のマスターと呼ばれる人は、「自力」も「他力」も両方マスターしている人なのです。

僕が真のスピリチュアル・マスターと考える中の一人が、故・松下幸之助さんです。

松下さんは、松下電器という世界的大企業をゼロから一代で創り上げました。また、松下さんはその経営手腕だけでなく、生き方の面でも素晴らしい影響を多くの人に与えました。ただ利益を追い求めるだけのではなく、「心」を大切にして、社員みんなが幸せになる経営を目指したのです。

　松下幸之助さんがスピリチュアル・マスター？って思う人もいるかもしれません。ですが、松下さんは「龍神」を祀った神社を全国にたくさん建てています。また、三重県にある「椿大神社《つばきおおかみやしろ》」は松下さん自身が神さまになって祀られています。松下さんは心とお金、両方の豊かさを得るために神さまのチカラをたくさん借りたんですね。

❈龍は神さまと人間をつなぐ存在

真のスピリチュアル・マスターは、「自力」も「他力」もマスターしている人です。ですから、「物質エネルギー」の象徴ともいえる「お金のエネルギー」もきちんとマスターしていなくては、そう呼ぶことはできません。

スピリチュアルが大好きなのに、なぜかお金に縁がない人たちを、僕はたくさん見てきました。そういう人たちは、みな「お金のエネルギー」をマスターしていませんでした。マスターする前に、「お金のエネルギー」に負けてしまっているともいえます。

この本は、そんな、かつての僕のような人たち、いわば「宇宙の同士」たちのために書きました。スピリチュアルもお金のこともマスターして、「他力」も「自力」を使えるようにする。そうすると、天（神さま）と地（現実）がつながります。

そして、この**「天」と「地」をつなぐのが「龍」なのです。**

龍は神さまに属しますが、同時に私たち人間に近い存在です。特に日本人にとってはなじみがあります。神社に行けば、手水舎《ちょうずや》やお社にたくさんの龍の彫り物がありますし、〝干支〟の中には唯一、動物以外の存在として入っています。

また「龍一」「龍二」「龍太郎」など、「龍」という漢字が入った人名も多いですよね。その一方で、「神一」とか「仏一」なんていう名前を僕は聞いたことがありません。神さま仏さまより、龍のほうが、人間との距離が近いのです。

人間界（地）と神さま界（天）をつなぐ役割が「龍」なのです。「地」の世界に、「天」の見えない大いなるチカラを降り注ぐのが「龍」の役目なのです。

この本の各章には裏テーマがあります。それは、

第1章〜第2章：龍のチカラを借りる方法＝他力・天
第3章〜第4章：あなたが、あなた自身のパワーを思い出す方法＝自力・地

というもの。つまり、他力↓自力、天↓地、の順に書いたわけです。

そして、本書の最終章となるこの第5章では、最終的な仕上げをしています。

それは「天と地の統合」、つまり、龍と人とをつなぐことです。その意味で、この本を『活字版龍つなぎ』だと思って書きました。

この本に書いてあることを実践すれば、間違いなく、あなたには無限の豊かさがやってきます。


ぜひ、龍との共同創造を楽しんでください。

天と地を統合した、真のスピリチュアル・マスターになってください。

そして、たくさんのお金を呼び込んでください。


お金欲しいですか？

素直に龍にお願いしましょう。

「龍さん、お金くださ〜い！」

金色の物を持ちましょう。神社にたくさん行きましょう。

龍の置物を置いて、金運をバクアゲしましょう！
そして、あなたがほんとうにやりたいことをやりましょう。
あなたの情熱をたくさんの人にシェアしましょう。
そして、そこで出会う魂の仲間たちと交流しましょう。
「ドラゴン・ポイント」を引き寄せて、龍の背中に乗りましょう。
そのことにより、あなたは最高の未来を生きることができます。

最後に、龍からもらったメッセージで、この本を締めくくりたいと思います。

わたしはあなたのことを応援し、守護し、
つねに無条件の愛を送っています。

おわりに――お金で買えるもの 買えないもの

ここまでお読みいただきありがとうございました。

いかがでしたか？　この本は、僕のこの3年間の、無職から年収1億円に至るまでの経験をもとにして書きました。

僕には、「この世界はすべて人体実験だ」と思っているところがあります。行動し、体験し、その経験からエネルギーと情報を得る。そうすることを、とても楽しいと感じています。

「お金」というテーマにおいてもそうでした。

お金をたくさん呼びこんだら、どうなるんだろう？

何が起こるんだろう？

お金をたくさん使ったらどうなるんだろう？

――そんなふうに考えつづけた〝人体実験〟の結果が、この本です。

2019年6月に僕が行なった人体実験のお話をしたいと思います。

僕は初めての著書『夢をかなえる龍』を出版した自分へのご褒美《ほうび》に、信じられないような豪華なホテルの最高級スイートルームに宿泊しました。

部屋はリビングのほかに3つもあり、リビングにはピアノも置いてあります。お風呂は、すべて大理石でできていました。おそらく、ハリウッドスターや大統領が泊まるような部屋です。

最初はその部屋の豪華さに感動し、テンションがバクアガリしました。ただ、ひとりでベッドに横たわっていると、妙なむなしさを感じるのです。

「1泊100万円のスイートルームといえども、寝るときは何も見えなくなってしまうんだな……」

部屋の電気を消して目をつむってしまえば、当然のことながら真っ暗闇。家で寝るときと変わりはありません。

その1週間後から『夢をかなえる龍』全国出版記念講演会が始まりました。全国6か所を回り、延べ1000人以上の人が僕に会いに来てくれました。

たった2時間でしたが、どの会場も、とても愛にあふれた講演会になりました。

僕もお客さんも一体になって、笑ったり、泣いたり、深い気づきがあったり……。

ずっとこの時間が続けばいいのにと思うほど、魂が喜んでいるのを感じました。

サイン会では一人ひとりと握手をさせていただきました。なかには涙が止まらない人もいました。

ほんとうに、心と身体と魂が震えた時間でした。

僕はあの日々を一生忘れないでしょう。

講演会に参加してくれた人たちからいただくお金は、初出版の講演会ということで、3000円という抑え気味の参加費にしました。

目の前のこの方からいただくのは3000円。

スーパースイートルームは100万円。

金額は全然違う。

でも、僕は感じました。

「3000円のほうがよっぽど幸せだ！」

そうなんです。

100万円の体験より、3000円の体験のほうが僕にとっては幸せだったのです。

お金で幸せは買えません。

たくさんのお金を持っているより、人とのつながりがあることのほうが幸せ。自分らしく表現していることのほうが幸せ。

僕はこの体験から、改めてそう確信したのです。

ただ、この本は「お金」がテーマの本です。

結局は「お金で幸せは買えない」みたいな美談で終わりにしたくはありません。

実は、お金で買えるものと買えないものがあります。

お金で買えるものは「時間と自由」。

お金で買えないのは「幸せと安心」。

幸せはお金で買えません。お金があっても自分の魂を表現しなければ、満足感は得られません。才能を誰かと分かち合い、つながることで幸せを感じるのです。

安心もお金で買えません。多くの人が「お金さえあれば安心だ」と考えますが、それは幻想です。なぜなら、お金がたくさん入ってきても、今度は「失う不安」が生じてくるからです。これはお金を持ってみて、よくわかりました。

一方で、お金があれば、時間と自由を買うことができます。

お金があれば、イヤな上司の元で仕事をする必要はありません。会社を辞めても食べていけるからです。なので、決まった時間に出社する必要もありません。好きな人と、好きなときに、好きな場所で生きることができるのです。

他人に妨害されない人生を生きると、「あなたらしさ」をフルに発揮することができます。

お金は、あなたがあなたの人生を生きるための素晴らしく便利な道具なのです。

ぜひ、本書を参考にして、お金を呼び込んでください。

自分では何もせず、「お金で幸せは買えないよね」と達観してわかったようなフりをするのでもなく、「お金ですべてが何でも買える」というお金の権化《ごんげ》になるわけでもない。お金でできることとできないことを正しく見極めて、あなたがあなたらしく生きることを選択してください。

私たちがこの時代に生まれてきたことには、とても大きな意味があると思っています。

いま、世界的にたくさんの変化が同時に起こっています。価値観が180度変化するこの時代に生まれてきた私たちの魂は、次の時代を決定していく役割があります。

私たちがポジティブな未来を選ぶか、ネガティブな未来を選ぶかで、今後の地球のエネルギーが決まっていきます。

この地球が愛と光にあふれた星になること。そのためには一人ひとりが光り輝いて、自由に生きることが重要だと僕は思っています。魂を輝かせて生きている人が増えれば増えるほど、この地球の次元上昇（アセンション）は加速します。

あなたらしく生きる素晴らしいツール「お金」を、愛とワクワクをもって無限に循環させてください。

あなたのその行動は、あなたの人生を幸せに豊かにすると同時に、地球、ひいては宇宙全体に貢献することになります。

あなたの魂が喜びにあふれますように。
あなたの愛が宇宙に響きわたりますように。
あなたに龍のご加護がありますように。

本書を手に取ってくださり、誠にありがとうございました。

２０２０年10月

ドラゴン・マスターＳＨＩＮＧＯ

SHINGO（シンゴ）
龍を呼び、龍をつなぐドラゴン・マスター。14年間勤めたブラック企業を、ストレスによる「うつ病」のため退社。心のリハビリのために訪れた和歌山県・高野山奥之院で「龍神」を視たことをきっかけに、龍が「視える」ようになる。「龍はひとりに一柱（はしら）、必ず護っている」ということを教えられ、人と龍をつなぐ個人セッション「龍つなぎ」を開始。あっという間に大人気となり、3か月先まで予約がいっぱいとなる。大規模スピリチュアルイベント「癒しフェア」に複数回出演し「ドラゴン・アクティベーション」というワークを披露。毎回立ち見が出るほどの大盛況となる。さらに、アメリカ・シャスタで行われた世界的スピリチュアルエキスポに出演。「ドラゴン・アクティベーション」はアメリカのライトワーカーたちに絶賛され、「The grand general of dragons（龍の大将軍）」と呼ばれた。その後も、北京、ロサンゼルスで1万人規模のスピリチュアルイベントに出演し、大成功を収めた。日本が生んだドラゴン・スピリチュアルマスターとして世界進出を続けている。著書に『夢をかなえる龍』、『マンガ 夢をかなえる龍』（いずれも光文社）などがある。

【オフィシャルブログ　Play with a Dragon.】
https://ameblo.jp/shingosoul/

【オフィシャルサイト（英語）】
https://www.shingo-ryu.com/

お金《かね》を呼《よ》び込《こ》む龍《りゅう》

2020年11月30日　初版1刷発行
2023年 9 月15日　　4刷発行

著　者　SHINGO
発行者　三宅貴久
発行所　株式会社 光文社
〒112-8011　東京都文京区音羽1-16-6
電話　編集部 03-5395-8172　書籍販売部 03-5395-8116　業務部 03-5395-8125
メール　non@kobunsha.com
落丁本・乱丁本は業務部へご連絡くだされば、お取り替えいたします。
組　版　萩原印刷
印刷所　萩原印刷
製本所　ナショナル製本

ISBN 978-4-334-95209-9